문해력을 높이고
품격을 더하는
1일 1한자

교양
한자
일력
365

김월회 지음

포르체

교양 한자 일력 365

초판 1쇄 발행 2025년 10월 29일

지은이	김월회
펴낸이	박영미
펴낸곳	포르체

기획·책임편집 이경미
마케팅　　　정은주 민재영
디자인　　　황규성

출판신고	2020년 7월 20일 제2020-000103호
전화	02-6083-0128
팩스	02-6008-0126
이메일	porchetogo@gmail.com
인스타그램	porche_book

ⓒ 김월회(저작권자와 맺은 특약에 따라 검인을 생략합니다.)
ISBN 979-11-94634-55-3 (13150)

- 이 책은 저작권법에 따라 보호받는 저작물이므로 무단전재와 무단복제를 금지하며, 이 책 내용의 전부 또는 일부를 이용하려면 반드시 저작권자와 포르체의 서면 동의를 받아야 합니다.
- 이 책의 국립중앙도서관 출판시도서목록은 서지정보유통지원시스템 홈페이지(http://seoji.nl.go.kr)와 국가자료공동 목록시스템(http://www.nl.go.kr/kolisnet)에서 이용하실 수 있습니다.
- 잘못된 책은 구입하신 서점에서 바꿔드립니다.
- 책값은 뒤표지에 있습니다.

여러분의 소중한 원고를 보내주세요.
porchetogo@gmail.com

지은이

김월회
金越會

서울대학교 중어중문학과 교수. 서울대학교 중어중문학과를 졸업하고 동 대학원에서 박사학위를 취득하였다. 고대 중국의 학술사상과 중국문학사를 입체적으로 재구성하는 연구를 수행하고 있으며, '인문적 시민 사회' 구현을 위한 교양 교육과 인문 교육에 대한 연구도 병행하고 있다. 지은 책으로는 『깊음에서 비롯되는 것들』, 『맹자에게 배우는 나를 지키며 사는 법』 등이 있으며, 『고전의 힘, 그 역사를 읽다』, 『무엇이 좋은 삶인가』, 『인문정신이란 무엇인가』 등을 공동 저술하였다.

1月 1日

『교양 한자 일력 365』
활용 가이드

처음 시

뜻풀이

첫 출산을 뜻하며 '처음'과 '시작'이라는 뜻으로도 쓰인다.
일의 시작은 기초를 놓는 일이다. 이에 '기초'를 뜻하기도 한다.

용례 시종일관(始終一貫), 시원(始原), 시말(始末)

고전 속 한 줄 나무의 견실함은 처음에 달려 있다.
— 좌구명(左丘明), 『국어(國語)』 —

오늘의 사유 나의 시작은 또 하나의 우주가
열리는 순간이다.

서문

우리는 디지털 문명 시대의 한복판에 살고 있다. 디지털 문명의 상징인 인공지능의 발달은 눈이 부실 정도여서 인공지능의 역량이 인류의 평균적 역량을 뛰어넘었다는 진단이 이미 내려졌을 정도이다. 가까운 시일 내로는 초지능 인공지능(ASI), 범용인공지능(AGI) 등이 나와 뛰어난 역량을 지닌 인간에 못지않은, 혹은 그를 능가하는 역량을 발휘할 것이라고도 한다. '인공지능보다 못한 인간'이라는 우려스러운 예측이 착착 현실이 되고 있는 셈이다.

인공지능의 이러한 발달은 '인간이 인공지능보다 낫다고 할 수 있는 근거는 무엇인가?'와 같은 근본적 물음을 야기한다. '인공지능은 구현할 수 없는 인간만의 능력은 무엇인가?'와 같은 물음도 던진다. 이에 대해 전문가들은 곧잘 문해력을 답으로 제시한다. 인공지능은 아무리 발전해도 결국은 자율적 사유 능력을 갖추지 못한다. 자율적 사유 능력을 갖추려면 반드시 자유 의지가 있어야 하는데, 이는 생명체 가운데서도 인간만이 지닌 고도의 능력이기 때문이다. 문해력은 이러한 자율적 사유 능력과 무척 밀접하게 맞물려 있다.

가령 문해력이 강할수록 자율적 사유 능력도 강해진다. 역으로 문해력이 약하면 자율적 사유 능력도 약해질 수밖에 없어, 인간임에도 발달한 인공지능보다 사고력이 떨어지는 일이 발생하고 만다. 이뿐만 아니다. 문해력이 약하면 질문하는 능력도, 지시하는 능력도 떨어진다. 그러면 인공지능을 '주인'으로서 활용하지 못하게 된다. 인간

12月 31日

쇠북 종

악기의 일종으로 청동으로 만든 '종'이라는 뜻이다.
후에는 시간을 알리는 도구로 사용하기도 했다.

타종(打鐘), 종각(鐘閣), 종성(鐘聲)

번성했을 때 낙양 안팎으로는 천여 개의 사찰이 있었는데,
오늘날에는 적막하기 그지없고 종소리조차 드물게 들려온다.
― 양현지(楊衒之), 『낙양가람기(洛陽伽藍記)』―

삶은 정도와 크기의 차이가 있을 뿐 늘 도전이다.

과 인공지능의 관계는 인간이 어떻게 질문하는지에 따라, 어떻게 지시하는지에 따라 결정된다. 인간이 인공지능에게 적절하게 질문하지 못하고, 지시하지 못하게 되면 결국 인공지능이 답해 주는 대로 따라가게 된다. 인간이 인공지능의 주인이 아니라 '노예'로 살아가게 된다는 것이다. 문해력이 인공지능 시대가 심화·발전되면 될수록 더욱더 강조될 수밖에 없는 저간의 사정이다.

한자는 이러한 문해력 신장에 가성비 빼어난 도구이다. 문해력은 모국어에 대한 이해 역량이 기본인데, 우리 한국어는 한자와 깊고도 넓게 연관되어 있어서 한국어 이해 역량을 키우고자 할 때 한자를 넓고도 속 깊게 알면 큰 도움이 된다. 곧 한자는 한국어의 심층을 도탑게 형성하고 있어 한국어 문해력을 높이려면 한자를 잘 알 필요가 있다는 것이다. 한자는 단지 과거의 유물이 아니라 디지털 문명의 시대를 살아가는 데 필요한 자산으로, 반드시 갖추어야 할 새로운 교양으로 거듭나고 있음이다.

이 책을 디지털 문명이 심화·발전하고 있는 지금 세상에 내놓는 이유이다.

2025년 9월

구둔재(衢遁齋)에서

12月 30日

섬돌 제

건물에 딸린 '섬돌' '계단'이라는 뜻이다. 여기에 '덜다' '제거하다'
'면제하다' 등의 뜻이 부가되어 쓰인다.

제야(除夜), 제거(除去), 면제(免除)

백성을 관대하게 위무하되 그들의 그릇됨은 제거해 준다.
-『서경』-

삶은 자기 속도대로 달리는 경주이다.
가는 해는 가는 해의 속도대로,
새해는 새해의 속도대로 달리면 된다.

1月

시작, 결심 그리고 나아감

始

12月 29日

저녁 석

해가 지고 달이 떠오를 때를 가리켜 '저녁'이라는 뜻으로 쓰인다.
또한 한 달이나 한 해의 끝을 가리키기도 한다.

제석(除夕), 석양(夕陽), 조석(朝夕)

아침에 도를 들어 깨달으면 저녁에 죽어도 좋다.
-『논어』-

태양 빛이 아침과 점심, 저녁이 다르듯이,
우리가 살아가는 나날은 다 다른 빛깔이다.

1月 1日

처음 시

첫 출산을 뜻하며, '처음' '시작'이라는 뜻으로도 쓰인다.
일의 시작은 기초를 놓는 일이다. 이에 '기초'를 뜻하기도 한다.

시종일관(始終一貫), 시원(始原), 시말(始末)

나무의 견실함은 처음에 달려 있다.
— 좌구명(左丘明), 『국어(國語)』 —

**나의 시작은 또 하나의 우주가
열리는 순간이다.**

12月 28日

끝 말

나무의 가지 끝을 가리키는 형상으로, '끝'이라는 뜻으로 쓰인다.

연말(年末), 결말(結末), 말단(末端)

시력이 가을철에 나는 가는 털의 끝을 충분히 볼 정도라면서도
도리어 장작을 보지 못한다.
―『맹자』―

내 연말의 주인공은 나이다.

1月 2日

열 개

문이 열려 있는 모양의 한자로, '열다'는 뜻으로 쓰인다.
문을 여는 것은 새로움을 만들어 내거나 막힌 것을
뚫어 주는 것이어서 '비롯되다' '통하다' 등의 뜻으로 쓰인다.

개시(開始), 개벽(開闢), 개통(開通)

군자는 학생을 가르침에 이끌어 주지만 억지로 끌어당기지 않고
강권하지만 억압하지 않으며 생각을 열어 주지만
해답을 바로 가르쳐 주지는 않는다.

— 『예기(禮記)』 —

열려 있는 이에게 미래도 열려 있다.

12月 27日

살필 찰

'처마에서 아래로 덮어 가다'는 뜻으로, 이로부터 파생되어
위로부터 아래로 '살피다'는 뜻으로 쓰인다.

성찰(省察), 감찰(監察), 경찰(警察)

**물이 너무나도 맑으면 물고기가 없고,
사람이 너무 살피면 따르는 이들이 없다.**
— 대덕(戴德), 『대대례기(大戴禮記)』 —

우리는 현재를 쉼 없이 과거로 보내며 살고 있고,
현재로 시시각각 밀려드는 미래를 살고 있다.
성찰은 그러한 과거, 현재, 미래를 이어 주는 징검다리이다.

1月 3日

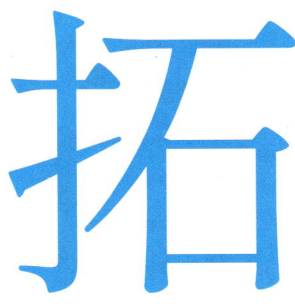

주울 척

그물에 걸린 고기를 '줍다', 나무에서 과일을 '따서 가지다'는 뜻이다.
줍거나 따서 가지다는 뜻에서 꽃이나 나뭇가지를 '꺾다'는
뜻으로 쓰이고, 이로부터 '넓히다'는 뜻으로도 쓰인다.

개척(開拓), 간척(干拓)

우러러 선조의 뜻을 밝혀 중원을 넓히고 깨끗하게 하리라!
―『송서(宋書)』―

나를 넓히면 삶의 터전도 넓어진다.

12月 26日

살필 성, 줄일 생

눈이 돌출되어 있는 형상으로, 눈병을 가리켰으나, 여기에 '살피다'는 뜻이 부가되어 쓰였다. 또한 '줄이다'는 뜻도 부가되어 쓰인다.

반성(反省), 성묘(省墓), 생략(省略)

증자가 말했다. "나는 하루에 내 자신을 세 번 반성한다.
다른 사람을 위하여 일을 함에 충성스럽게 했는가? 벗과 교유함에
미더웠던가? 스승으로부터 전해들은 바를 익혔는가?"
-『논어』-

나의 멋짐은 나의 반성으로부터 빚어진다.

1月 4日

비롯할 창

일이 '비롯되다'는 뜻에서 새로운 일을 '시작하다' '만든다'는
뜻으로 쓰인다. 본래 칼 등으로 상처를 입은 모양의 한자로
후에는 '비롯하다'는 뜻이 부가되었다.

개창(開創), 창의(創意), 창시(創始)

제도를 새로 만들고 법을 고치는 일은
마땅히 인지상정을 따라야 오래갈 수 있다.
― 이연수(李延壽), 『남사(南史)』 ―

**참신한 아이디어와 이를 구현하는 역량,
이 모두를 갖춰야 쓸모 있는 창의력이다.**

12月 25日

되돌릴 반

맨손으로 바위를 오르는 형상으로 '오르다'는 뜻을 표했지만,
후에 '뒤엎다' '반대하다' '되돌아오다' 등의 뜻이 부가되어 쓰인다.

반사(反思), 반론(反論), 반감(反感)

공자가 말했다. "군자는 다른 사람의 훌륭함을 이루어 주고 다른 사람의
악함은 이뤄지지 못하게 하지만, 소인배는 이와 정반대로 한다."
―『논어』―

남을 대하는 대로 나에게 되돌아온다.
다만 사랑만큼은 주는 만큼 꼭 되돌아오지는 않는다.

1月 5日

새로울 신

숲에서 벌목할 때 나무를 처음 베어 낸다는 뜻에서
'처음' '새로움' 등의 뜻으로 쓰인다. 한자권에서는 새롭게 하는 것에
큰 가치를 부여해 왔던 까닭에 긍정적인 뜻으로 쓰였다.

창신(創新), 온고지신(溫故知新), 신예(新銳)

오늘도 새로워지고 나날이 새로워지며 또 하루하루 새로워진다.
―『예기』―

옛것을 알고 새것을 아는 것은
실패하지 않는 삶의 두 날개이다.

12月 24日

말할 론/논

정연하게 생각하다는 형상에서 비롯되어 말을 정연하게 하는 것을 가리킨다. 이로부터 '조리 있게 말하다' '논의하다' '따져 보다' 등의 뜻으로 쓰인다.

결론(結論), 논리(論理), 논술(論述)

한 잎 낙엽이 지는 것을 보면 한 해가 곧 질 것임을 알아차리고,
병에 담은 물이 어는 것을 보고는 세상에 추위가 올 것을 알아차려야 하니,
이것이 가까운 데로부터 미래를 따져 보는 것이다.
— 유안, 『회남자』 —

논리적으로 깨어 있어야 늘 깨어 있을 수 있다.

1月 6日

별 성

뭇 별들이 떠 있는 형상으로,
'별' '별자리' '빛나다' 등의 뜻으로 쓰인다.

신성(新星), 성좌(星座), 성운(星雲)

달력은 해와 달, 별의 운행 법칙을 본뜬 것이다.
―『서경(書經)』―

별은 밤하늘이 어둡기에 빛날 수 있다.

12月 23日

해칠 해

'손상시키다'는 뜻으로, 이로부터 '해치다' '손해'
'나쁘다' 등의 뜻으로 쓰인다.

이해(利害), 해악(害惡), 해충(害蟲)

무릇 하늘과 땅 사이 인간 세상에 거함에 서로를 평안케 하고
이롭게 해야 함에도 서로를 해롭게 하고 위태롭게 하는 이가 헤아릴 수
없을 정도로 많다. 인간사는 항상 그래왔다.
― 여불위, 『여씨춘추』 ―

손해를 싫어함은 죄가 아니다.
이익을 좋아함이 선이 아니듯이.

1月 7日

처음 초

옷을 만들려고 옷감을 재단하는 모습을 본뜬 한자다.
옷감을 재단하는 일이 옷 만드는 일의 시작이듯 어떤 일을
시작함을 뜻한다. 나아가 처음 생성된 그대로라는 뜻에서
'때 묻지 않음' '변질되지 않음'을 뜻하기도 한다.

시초(始初), 연초(年初), 초지일관(初志一貫)

노자가 말했다.
"나는 마음을 만물이 생겨나던 처음에서 노닐게 한다."
―『장자(莊子)』―

남에 의한 첫걸음이 아니라
스스로 내딛는 첫걸음일 때, 실패조차 값지다.

12月 22日

날카로울 리/이

칼로 벼를 베어 내는 형상으로, 벼를 베어 내려면 칼이 날카로워야
하므로, 이로부터 '날카롭다'는 뜻으로도 쓰인다. 한편 벼를 수확하면
이득이 되므로 이로부터 '이롭다'는 뜻으로 쓰인다.

이익(利益), 이자(利子), 예리(銳利)

나무는 먹줄을 긋고 자르면 반듯해지고,
쇠는 숫돌에 갈면 날카로워진다.
-『순자』-

매 순간 이로운 삶이란 없다.
마찬가지로 매 순간 손해 보는 삶도 없다.

1月 8日

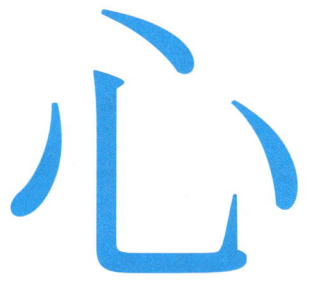

마음 심

사람의 심장을 본뜬 한자로, '마음'을 뜻한다.
마음은 참된 것이라고 여겨 '진심' '진정'을 뜻하기도 한다.

초심(初心), 심장(心臟), 진심(眞心)

두 사람이 마음을 같이하면 그 날카로움은 쇠를 절단할 수 있고,
마음을 같이하는 이들 사이의 말은 그 향기가 난초와 같다.
― 『역경(易經)』 ―

마음도 근육이다.
키우면 탄탄해진다.

12月 21日

더할 익

그릇에 물이 넘쳐흐르는 형상으로, 이로부터 '풍요롭다'는
뜻으로 쓰인다. 여기에 '더하다' '이롭다' 등의 뜻이 부가되어 쓰인다.

손익(損益), 익충(益蟲), 홍익인간(弘益人間)

공자의 제자 자로가 정치에 대하여 여쭙자 공자가 답했다.
"앞장서서 일해라." 자로가 더해 줄 것을 청하자 공자가 말했다.
"게으름 피우지 말아라."
-『논어』-

꾸준한 노력과 짧지 않은 인내로 빚어낸 결과는
그 양이 얼마든 그 자체로 이익이다.

1月 9日

지을 작

초목을 베는 활동을 가리키는 한자로, 이로부터 '노동하다' '작업하다' '짓다' 등의 뜻이 파생되었다. 또 어떤 행위를 함으로써 없던 것을 새로이 빚어내는 활동을 가리켰고, '시작' '처음' '근본' 등의 뜻도 있다.

작심(作心), 시작(始作), 진작(振作)

세상의 큰일도 아주 작은 것으로부터 시작된다.
— 『노자(老子)』 —

스스로 진작할 줄 알면 온 우주가 돕는다.

12月 20日

덜 손

'감소하다'는 뜻으로, 이로부터 '덜다' '손해되다'
'손상되다' 등의 뜻으로 쓰인다.

손해(損害), 결손(缺損), 실손보험(實損保險)

하늘의 도는 남아도는 데서 덜어다 부족한 데를 보태 주지만,
사람의 도는 그렇지 않아서 부족한 데서 덜어 가 남아도는 데를 받든다.
— 『노자』 —

손해 볼 줄 알고 보는 손해는 손해가 아니다.

1月 10日

뜻 의

마음속의 뜻을 가리키는 한자로, 이로부터 '의사' '의미' 등의 뜻으로
쓰인다. 또한 '헤아리다' '의도하다' '추측하다' 등의 뜻으로도 쓰인다.

의지(意志), 의도(意圖), 사의(謝意)

산에 오르면 온몸의 감정으로 온 산 가득하고 바다를 보면
마음속의 뜻으로 온 바다가 넘실댄다.
나의 재주가 많든 적든 바람, 구름 따라 함께 치달린다.
— 유협(劉勰), 『문심조룡(文心雕龍)』 —

결심은 시작으로 이끌고 의지는 완성으로 이끈다.

12月 19日

판가름할 판

칼로 반으로 쪼개는 형상으로, '나누다'는 뜻이다.
이로부터 '판가름하다' '구분하다' 등의 뜻으로 쓰인다.

판정(判定), 평판(評判), 판사(判事)

오늘날의 한족은 나뉘어져 집체를 이루지 못한 채
사람들이 저마다 사사로움을 추구함이 멸망의 기운이 성했던
한나라, 당나라, 송나라, 명나라의 말엽보다 더하다.
— 장병린(章炳麟), 「강유위가 혁명을 논한 글에 대한 비판」 —

어제의 나와 오늘의 나가 다를 때가 많으니,
나를 남과 다르다고 섣불리 판가름하지 말라.

1月 11日

뜻 지

마음이 가는 바를 가리키는 한자로 '뜻' '마음' '지향' 등을 뜻한다.
'마음에 쓴다' '지향하다' '기억하다' '기록하다'는 뜻으로도 쓰인다.

의지(意志), 지망(志望), 입지(立志)

지식인이 진리에 뜻을 두고서도 거친 옷과 음식을
부끄러워한다면 더불어 논의할 수 없다.
―『논어』―

뜻을 세우지 않으면,
되는 대로 사는 것이 뜻이 된다.

12月 18日

정할 정

'안정되다'는 뜻으로, 이로부터 파생되어 '정하다'는 뜻으로 쓰인다.
또한 '반드시' 등의 뜻으로도 쓰인다.

평정(評定), 약정(約定), 결정(決定)

젊었을 때는 혈기가 안정되지 못하니 늘 색정을 조심해야 한다.
— 『논어』 —

세파에 일렁일 때면 산처럼 의연하게 그 자리에 우뚝
버티고 있는 것들을 바라보며 나의 위치를 잡아 가면 된다.

1月 12日

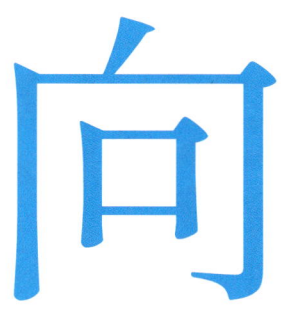

향할 향

집에 창문이 나 있는 모양으로 창문 쪽으로 '바라보다' '향하다'는 뜻이다. 이로부터 파생되어 향하는 쪽을 '지지하다' '원하다' '좋아하다'는 뜻으로도 쓰인다.

지향(志向), 방향(方向), 향배(向背)

등지기라도 하면 마치 서로 미워하는 듯하고,
바라보기라도 하면 서로 우애로운 듯하다.
— 한유(韓愈), 「남산(南山)」 —

**앞만 바라보지 말고 때로는 옆도,
더 자주는 아래도 바라보자.**

12月 17日

평론할 평

'따져 논하다'는 뜻으로, 이로부터 '평론하다'
'평정하다' 등의 뜻으로 쓰인다.

평가(評價), 평결(評決), 평의(評議), 비평(批評)

재판을 평결함에 매질을 가하지 않았고 의심스런 부분을 살펴서
실상을 얻어 낸 적이 많았기에 세상 사람들은 그를 칭찬했다.
― 위수, 『위서(魏書)』 ―

나를 향한 비평에 열려 있으면
삶은 더욱 유연해질 수 있다.

1月 13日

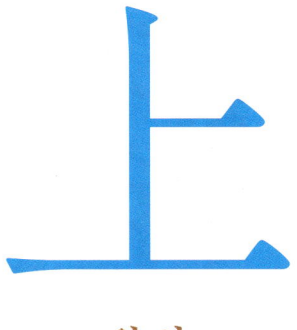

위 상

땅 위에 막대 같은 것이 높이 세워져 있는 형상으로,
이로부터 '위' '높은 곳' '올라가다'는 뜻으로 쓰인다.
'위'라는 뜻에서 파생되어 '좋다' '낫다'는 뜻도 있다.

향상(向上), 상종가(上終價), 상수(上手)

최고의 선함은 물과 같으니 물은 만물을 늘 이롭게 하되
만물과 다투지는 않는다.
ㅡ『노자』ㅡ

걷다 보면 평지라도 비탈을 올라가듯 걸어야 할 때도 있고
비탈에서 내려가듯 걸어야 할 때도 있다.

12月 16日

가지런할 정

'가지런하다'는 뜻으로, 이로부터 '정리하다' '단정하다'
'완정하다' 등의 뜻으로 쓰인다.

정리(整理), 완정(完整), 정제(整齊)

법률, 정령, 형벌, 포상은 민간의 일을 다스려서 민간을 정돈할 따름으로
교화를 크게 일으켜서 태평성대를 이룩하기에는 부족하다.
— 왕부(王符), 『잠부론(潛夫論)』 —

자신을 가지런하게 대해야 한다.
욕망이나 분노, 증오 따위에 출렁대면 안 된다.

1月 14日

오를 승

해가 떠오르는 모습으로 '오르다' '올라가다'는 뜻이다.
이로부터 파생되어 지금보다 더 나은 상태나 수준,
경지로 나아감을 뜻하기도 한다.

상승(上昇), 욱일승천(旭日昇天), 승평(昇平)

황제가 도를 지키면 천하가 태평해지며,
문무백관이 충직하고 선량하며 만민이 생업을 즐기게 된다.
— 적안산인(荻岸山人), 『평산냉연(平山冷燕)』 —

산을 오르다 힘들면 그때 그만두면 된다.
올라 보지도 않고 힘들 것이라며 그만두어서는 안 된다.

12月 15日

셀 산

'세다'는 뜻으로, 이로부터 '계산하다' '헤아리다'
'요량이다' 등의 뜻으로 쓰인다.

결산(決算), 심산(心算), 산수(算數)

무릇 아직 개전하지 않았으나 조정에서 승리를 헤아림은
이길 수 있는 계책이 많기 때문이고, 아직 개전하지 않았으나 조정에서
패배를 헤아림은 이길 수 있는 계책이 적기 때문이다.
-『손자병법』-

잉여는 셈할 수 있어도 나눔은 셈할 수 없다.
나눔이 잉여의 과시가 아닌 이유이다.

1月 15日

나아갈 진

새가 앞으로 종종걸음 치는 모양으로 '앞으로 나아가다'는 뜻이다.
지금보다 더 나은 상태나 수준, 경지로 나아감을 뜻하기도 한다.

승진(昇進), 진보(進步), 진화(進化)

학문을 함에는 반드시 먼저 길을 찾은 연후에 나아갈 수 있고
책을 읽을 수 있게 된다. 그렇지 않으면 책은 책이고 나는 나이게 된다.
― 주희(朱熹), 『주자어류(朱子語類)』―

나아감의 기준은 나 자신이다.

12月 14日

일 업

매단 종이나 북을 밑에서 받치는 틀의 형상으로, 여기에 '할 일'이나
'해낸 일' 등의 뜻이 부가되어 쓰인다.

종업(終業), 업무(業務), 업적(業績), 학업(學業)

상을 받은 자가 그 이로움에 행복해하기에
상을 못 받은 자는 업적 내기를 사모하게 된다.
―『한비자』―

내가 해낸 일이 바로 나의 미래로 나아가는 발판이다.

1月 16日

펼 전

**팔다리를 펴고 누워 있는 형상으로, 이로부터 '펼치다'는
뜻으로 쓰인다. 무언가를 '드러내 보이다' '시행하다'
'나아가다'는 뜻으로도 쓰인다.**

진전(進展), 전시(展示), 전망(展望)

천자는 의로움을 펼쳐 내는 것이 아니라면 국토를 시찰하지 않으며,
제후는 백성의 일이 아니라면 시행하지 않는다.
— 좌구명, 『춘추좌전(春秋左傳)』 —

삶은 나를 펼쳐 낸 인생을
다 같이 둘러보는 전시회다.

12月 13日

군사 졸

완성된 옷을 가리키는 한자로, 이로부터 '끝내다' '완성하다' '죽다' 등의 뜻으로 쓰인다. 한편 卒은 일을 대신해 주는 노예의 형상이기도 하여, 이로부터 '병사'라는 뜻으로 파생되어 쓰인다.

졸업(卒業), 병졸(兵卒), 졸년(卒年)

사람은 태어나면서 시작되고 죽음으로써 완성된다.
— 『한비자』 —

중요한 것은 시작이 어떠했는가가 아니라
어떻게 끝냈는가이다.

1月 17日

쏠 발

활을 쏘고 난 뒤 진동하는 활시위를 형용한 한자로,
'쏘다'는 뜻으로 쓰인다. 이로부터 파생되어 '시작하다' '발생하다'
'성장하다' 꽃이나 싹 등이 '피어나다' 등의 뜻으로 쓰인다.

발전(發展), 출발(出發), 발아(發芽)

말은 자신에게서 나오나 사람들에게 가해지며,
행동은 가까운 데서 시작되지만 멀리에서도 드러난다.
―『역경』―

자연은 자그마한 새싹 하나 틔우는 데도
온 정성을 다한다.

12月 12日

마칠 필

밭에 쳐 놓은 사냥용 그물을 가리키며, 이로부터 '잡다'는 뜻으로 쓰인다. 또한 '모두' '마치다' '다하다' '다 갖추다' 등의 뜻으로도 쓰인다.

필업(畢業), 필경(畢竟), 필생(畢生)

공적 업무를 다 마치고 난 연후에 외람되지만 사적인 일을 처리한다.
— 『맹자』 —

필생의 목표가 있어도 오늘을 즐길 줄 알아야 한다.

1月 18日

일 흥

두 사람이 함께 물건을 들어 올리는 형상으로, 무언가가 '일다'는
뜻으로 쓰인다. 이로부터 '일으키다' '진작시키다' 등의 뜻으로 쓰이고,
'번성하다' '출세하다' 등의 뜻으로도 파생되어 쓰인다.

발흥(發興), 흥성(興盛), 중흥(重興)

나라에 도가 통할 때에는 발언하면 나라를 흥하게 할 수 있고,
나라에 도가 통용되지 않을 때에는 침묵하면 자신을 보존할 수 있다.
—『예기』—

스스로를 일으키는 힘은
어떤 극한일지라도 너끈히 뛰어넘는다.

12月 11日

판 국

'재촉하다'는 뜻이다. 또한 바둑을 두고 있는 형상이기도 하다.
여기에 '제한하다' '범위' '정세' 등의 뜻이 부가되었고, 조직이나
부서의 단위, 승부를 겨루는 일을 세는 단위 등으로도 쓰인다.

종국(終局), 국한(局限), 국면(局面), 정보국(情報局)

타인의 직무를 침범하는 것은 무모한 것이고, 자신의 직무를
빠뜨리는 것은 나태한 것이며, 직무 범위를 벗어나는 것은 간사한 것이다.
— 좌구명, 『춘추좌전』 —

국면 전환에 혹하면 안 된다.
국면이 바뀌었다고 본질이 바뀌는 것은 아니다.

1月 19日

일어날 기

일어서는 모습을 형용한 한자로, '일어나다' '시작하다'는 뜻이다.
이로부터 파생되어 '일으키다' '흥기하다'는 뜻으로도 쓰인다.

흥기(興起), 기립(起立), 기용(起用)

한 번은 폐기하고 한 번은 일으키되 이치에 맞도록 일관하였으니,
이치가 일관되면 어지럽혀지지 않는다.
― 『순자(荀子)』 ―

땅에서 넘어진 자,
다시 그 땅을 딛고 일어서야 한다.

12月 10日

완전할 완

'온전하다'는 뜻이다. 이로부터 파생되어
'보전하다' '완성하다' 등의 뜻으로도 쓰인다.

완료(完了), 완결(完結), 완성(完成), 완벽(完璧)

읍을 점령한 후 읍의 백성을 나태하도록 했다면 읍은 얻은들
무엇에 쓰겠는가? 읍과 나태함을 바꾸느니 예전 그대로 두는 것이 낫다.
− 좌구명, 『춘추좌전』 −

완벽은 닮을 수는 있어도 실현할 수는 없다.
완벽함은 인간이 아닌 신의 몫이다.

1月 20日

떨칠 분

새가 밭에서 날개를 활짝 펼치고 힘차게 날아오르는 모양에서
'떨치다' '떨쳐 일어나다'는 뜻으로 쓰인다. 이로부터 파생되어
'격분하다' '힘써 행하다'는 뜻으로도 쓰인다.

분기(奮起), 흥분(興奮), 분발(奮發)

삶을 영위할 수 있는 길을 마주하면 반드시 손을 맞잡고
함께 걸어가야 하지만 더러는 떨쳐 일어나 홀로 가야 하기도 한다.
— 루쉰(魯迅), 「죽은 이를 애도하다」 —

삶은 자기 속도대로 달리다
자기 리듬대로 떨쳐 일어나는 경주이다.

12月 9日

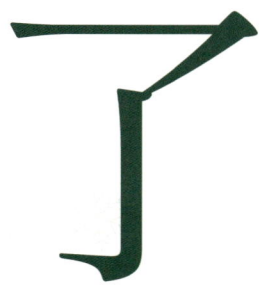

마칠 료/요

팔이 안쪽으로 굽은 형상이다. 여기에 '마치다'는 뜻이 부가되었고,
또한 '또렷하다' '결단하다' 등의 뜻으로도 쓰인다.

종료(終了), 명료(明了), 수료(修了)

옳고 그름은 대중을 따라 바로잡아야지
자기가 독단적으로 결정해서는 안 된다.
— 『윤문자(尹文子)』 —

**결과가 만족스럽지 않아도 깔끔한 종료는
또 다른 시작의 밑거름이다.**

1月 21日

세울 건

손으로 나무 기둥을 지탱하고 있는 모양으로, '세우다'는 뜻이다.
이로부터 '수립하다' '쌓아 만들다'는 뜻으로도 쓰인다.

창건(創建), 건설(建設), 건축(建築)

군자는 근본 세움을 귀하게 여기고 기초 세움을 중시한다.
— 유향(劉向), 『설원(說苑)』 —

우리는 계획한 대로 사는 삶과 살아지는 대로 사는 삶
사이에서 진동하게 마련이다.

12月 8日

눈동자 정

'눈동자'라는 뜻이다.

화룡점정(畵龍點睛)

두 마리 용에 눈동자를 그려 넣자 잠시 후 천둥번개가 벽화가
그려져 있던 벽을 허물더니, 두 마리 용은 승천하여 하늘로 가 버리고
눈동자를 그리지 않은 두 마리 용만 벽에 그대로 있었다.
- 장언원(張彦遠), 『역대명화기(歷代名畵記)』 -

아이의 눈망울은 어른들의 찌든 영혼을 정화해 준다.

1月 22日

설 립/입

땅 위에 사람이 서 있는 모양으로, '서다' '세우다'는 뜻이다.
이로부터 '성취하다' '성공하다' 등의 뜻으로 쓰이고,
'성숙하다' 등의 뜻으로도 파생되어 쓰인다.

건립(建立), 창립(創立), 입신(立身)

열다섯 살에 배움에 뜻을 두며 서른 살에 선다.
— 『논어』 —

**서른 살에 선다는 것은 독립적이고 자율적인 어른으로
우뚝 서야 한다는 뜻이다.**

12月 7日

點

점 점

'점' '점을 찍다'라는 뜻으로, 이로부터 파생되어
'지적하다' '더럽히다' '이어지다' 등의 뜻으로도 쓰인다.

종점(終點), 점자(點字), 점지(點指), 점화(點火)

옛적 문장을 잘 지은 자들은 진실로 만물을 빚어낼 수 있었기에
옛사람들의 진부한 표현을 취하여 글을 쓸 때도 한 알의 신비한 영약을
제조하듯이, 쇠붙이를 이어 붙여 황금으로 빚어냈다.
— 황정견(黃庭堅), 「홍고보에게 보내는 편지」 —

삶은 직선이 아니다.
종점이 또 다른 시점과 겹쳐 있는 나선형이다.

1月 23日

나무 수

손으로 나무를 심는 형상으로, '나무' '심다'는 뜻이다.
나무가 하늘을 향해 뿌리를 내린 채로 서 있다는 데서 비롯되어
'튼튼하게 세우다' '확고하게 서다'는 뜻으로도 쓰인다.

수립(樹立), 식수(植樹), 수목원(樹木園)

평생 지속될 계책으로는 사람을 세우는 것이 최고다.
—『관자(管子)』—

나뭇잎 하나도, 묘목 한 그루도
자기만의 그늘을 만든다.

12月 6日

싸울 전

戰의 구성 요소인 單(단)은 사냥용 도구, 戈(과)는 창을 가리킴.
이로부터 戰은 '싸우다'는 뜻으로 쓰이고, '전쟁', '투쟁' 등의 뜻으로
쓰인다. 후에 '떨다'라는 뜻이 부가되었다.

종전(終戰), 전쟁(戰爭), 전율(戰慄)

백 번 싸워 백 번 이기는 것은 좋은 것 중에 가장 좋은 것이 아니니,
싸우지 않고 적의 병력을 굴복시키는 것이 좋은 것 중에 가장 좋은 것이다.
-『손자병법』-

경쟁하며 협력하지 않으면 경쟁할수록 고립된다.

1月 24日

지을 조

앞으로 나아가는 형상에서 '전진하다' '도달하다'는 뜻으로 쓰이며,
후에 '짓다' '만들다'라는 뜻이 더해졌다. '도달하다' '짓다'는 뜻에서
학문이나 기예 등이 다다른 수준을 가리키기도 한다.

창조(創造), 조선(造船), 조예(造詣)

선배 현자들의 격언을 취하여
몸과 마음으로 이를 체험하니 조예가 더욱 깊어졌다.
— 『명사(明史)』 —

그저 그런 일상도, 되는 대로 산 일상도
내가 지은 나의 작품이다.

12月 5日

끝날 종

끝부분을 묶은 형상으로, 이로부터 '끝' '끝나다' 등의 뜻으로 쓰인다.
또한 '죽음' '다하다' '끝내' 등의 뜻으로도 쓰인다.

종결(終結), 종일(終日), 최종(最終)

내가 하루 종일 생각해 본 적이 있었는데
잠깐 동안 배우는 것만 못했다.
— 『순자』 —

오늘을 되감아 본다,
하루의 아름다운 종결을 위하여!

1月 25日

만물 물

본래 얼룩소를 뜻했으나 후에 '만물', 곧 온갖 사물을 가리켰다.
고대 농경 사회에서 소는 중요한 자산이었던 까닭에
소가 만물을 대표했다.

조물(造物), 만사만물(萬事萬物), 물품(物品)

사물에 이르러 앎을 완성하고, 마음을 바로잡고 뜻을 진실하게 한다.
자신을 닦고 가문을 다스리며, 나라를 다스리고 천하를 태평케 한다.
―『예기』―

온 우주에 하찮은 사물이란 없다.

12月 4日

꼬리 미

꼬리가 달린 옷을 입은 형상으로, 이로부터 '꼬리'라는 뜻으로 쓰인다.
또한 '끝' '말단' 등의 뜻으로도 쓰인다.

대미(大尾), 말미(末尾), 말초신경(末梢神經)

뒤가 크면 반드시 부러지고, 꼬리가 크면 흔들지 못하게 된다.
- 좌구명, 『춘추좌전』 -

대미를 장식하는 것은 결과가 아니라
과정에서 들인 노력이다.

1月 26日

근원 원

바위나 동굴에서 샘물이 흘러나오는 모습을 본뜬 까닭에
하천, 강 등의 근원, 곧 '수원(水源)'이라는 뜻으로 쓰인다.
또 이로부터 파생되어 사물의 기원이나 본원, 사건이나
현상 등의 원인을 가리킨다.

시원(始原), 원작(原作), 원인(原因)

관리는 자연의 섭리를 준수하고 군자는 근원을 기른다.
근원이 맑으면 흐름도 맑고 근원이 탁하면 흐름도 탁하다.
—『순자』—

**나의 원천이 얼마큼 크냐는 중요하지 않다.
끊임없이 흘러 바다에 가닿는지가 가장 중요하다.**

12月 3日

묶을 괄

'묶다'는 뜻으로, 이로부터 '엮다' '매다' 등의 뜻으로 쓰인다.
또한 '단속하다' '가리다' 등의 뜻도 지닌다.

개괄(概括), 괄호(括弧), 괄약근(括約筋)

군자가 재능을 몸에 숨긴 채 때를 기다려 움직인다면
이롭지 않을 것이 무어 있겠는가? 움직이되 재능을 가리지 않기에
나서면 사로잡히고 마는 것이다.
―『역경』―

실천은 지혜를 묶어 내고, 지혜는 실천을 재촉한다.

1月 27日

뿌리 본

本 속의 가로 획(一)이 나무의 밑 부분을 가리키는 까닭에
'뿌리'라는 뜻으로 쓰인다. 이로부터 '본원' '근거' '토대'
'유래' 등으로 파생되어 쓰인다.

원본(原本), 본질(本質), 발본색원(拔本塞源)

선조의 가르침이 있나니, 백성은 가까이 대해도 되지만
하대에서는 안 된다. 백성은 나라의 뿌리라,
뿌리가 견고하면 나라가 안녕해진다.
—『서경』—

뿌리 깊은 나무는 혼란한 세상에서도
묵묵히 자기 자리를 지키고 서 있다.

12月 2日

總

거느릴 총

'취합하다'는 뜻으로, 이로부터 '엮다' '하나로 아우르다' 등의 뜻으로 쓰인다. 또한 '총괄하다' '거느리다' '모두' 등의 뜻도 지닌다.

총괄(總括), 총수(總帥), 총의(總意)

그 습속을 관찰하여 그 풍기에 어울리게 하며
대중의 논의를 총괄하여 그 교화의 내용을 정한다.
- 유향, 『설원』 -

전체는 부분들을 합친 총량보다 더 크다.
그래서 전체를 총괄할 줄 아는 역량을 갖춰야 한다.

1月 28日

뿌리 근

식물이 땅에 묻혀 있는 부분을 가리키며, '뿌리'라는 뜻을 지닌다.
사물의 '근본'과 '바탕'을 비유적으로 이르는 한자다.

근본(根本), 근치(根治), 근저(根底)

뿌리가 깊지 않으면 꽃과 잎이 아름답지 못하다.
— 루쉰, 『야초(野草)』「서문」 —

눈에 보이지 않는 뿌리가 삶을 지탱하고 결정한다.

12月 1日

맺을 결

'끝맺음하다'는 뜻으로, 이로부터 '마무리 짓다' '타결하다' 등의
뜻으로 쓰인다. 또한 '묶다' '맺히다' 등의 뜻으로도 쓰인다.

총결(總結), 결속(結束), 응결(凝結), 결초보은(結草報恩)

군자는 그 자신이 묶인 바에서 행동하고 사유한다.
― 유안, 『회남자』 ―

마무리는 또 다른 시작을 향해 있을 때 더욱 값지다.

1月 29日

붙을 착

옷 따위를 '입다', 모자 따위를 '쓰다'는 뜻을 가진 이 한자는
'입다' '쓰다'는 뜻에서 파생되어 무언가에 '붙어 있다' '접촉하다'
'힘을 들이다'는 뜻으로도 쓰인다.

착근(着根), 집착(執着), 착안(着眼)

낡은 것을 무너뜨리려면 힘을 들여야만 하고,
엄청 힘을 들여야 하며, 그저 이렇게 해 나가야만 한다.
― 루쉰, 「글쓰기」―

**내가 무엇에 집착하는지를 알면
나를 객관화할 수 있다.**

12月

결산과 성찰

結

1月 30日

손 수

다섯 손가락을 펴고 있는 손의 모양을 형용한 것으로,
'손'을 가리킨다. 고대인들은 손으로 몸을 대신하여 사용했기에
이 한자는 '사람'을 가리키며, 나아가 손동작을 뜻하기도 해
'기술' '방도'를 가리키기도 한다.

착수(着手), 선수(選手), 수법(手法)

조조의 아들 조비는 평소 『시경』과 『서경』 등의 책을 좋아하여
군중에 있을 때도 손에서 책을 놓지 않았다.
— 조비(曹丕), 『전론(典論)』 —

손은 늘 생각보다 빠르다.
생각하는 대로 사는 삶이 어려운 까닭이다.

11月 30日

서리 상

'서리'라는 뜻으로, 이로부터 '흰색' '고결하다' '엄격하다' 등의
뜻으로도 쓰인다. 또한 '떨구다'라는 뜻으로도 쓰인다.

상엽(霜葉), 추상(秋霜), 상강(霜降)

마음은 조심하고 또 조심하여 서리를 품은 듯 고결하고, 뜻은 크고 커
구름에 가닿은 듯 고상하다.
— 육기(陸機), 「글에 대하여 노래하다」 —

풀잎은 서리 맞아 시들지라도 풀뿌리는
의연하게 새봄을 준비한다.

1月 31日

조상 조

제물을 펼쳐 놓고 제사를 지내는 모습으로, 이로부터 '조상' '선조'라는
뜻으로 쓰인다. 또한 할아버지부터 그 윗대의 조상을 가리켜서
이로부터 '근본' '뿌리'라는 의미가 파생되었다. 한편 '제사지내다'는
뜻으로부터 파생되어 '숭배하다'는 뜻으로도 쓰인다.

시조(始祖), 개조(開祖), 조상(祖上)

형체가 없는 것은 만물의 위대한 근본이고,
소리가 없는 것은 온갖 소리의 위대한 뿌리이다.
― 유안(劉安), 『회남자(淮南子)』 ―

조상의 삶은 후손의 나침반이다.

11月 29日

떨어질 락/낙

'잎이 지다'는 뜻이다.
이로부터 '떨어지다' '쇠락하다' 등의 뜻으로도 쓰인다.

낙엽(落葉), 낙하(落下), 몰락(沒落)

흥성했던 자 가운데 몰락하지 않은 자는 있었던 적이 없다.
―『관자』―

나무는 잎을 떨궈 새봄에 움틀
새싹의 거름으로 삼는다.

2月

봄을 기다림, 계획

待

11月 28日

잃을 실

'잃다'는 뜻으로, 이로부터 '잘못하다' '위반하다'
'손실되다' 등의 뜻으로도 쓰인다.

상실(傷失), 소실(消失), 실패(失敗)

식자는 궁벽해도 의로움을 잃지 않고 잘나가도
도에서 이탈하지 않는다.
—『맹자』—

실패에도 고꾸라지지 않고 다시 살아 내는 힘과 정신은
마르지 않는 내 삶의 동력이다.

2月 1日

기다릴 대

길에서 걸음을 멈추고 있는 형상으로, '기다리다'는 뜻으로 쓰인다.
무언가를 기다린다는 것은 그것에 기대고자 한다는 것이고,
이로부터 '기대다' '의거하다' 등의 뜻으로도 쓰인다.

대춘(待春), 대우(待遇), 수주대토(守株待兎)

현명하고 능력 있는 이는 서열에 의거하지 않고 등용하며,
형편없고 무능한 이는 잠시도 기다리지 말고 파면한다.
-『순자』-

기다림은 서두르지 않는 바람이고
조르지 않는 기댐이다.

11月 27日

괴로워할 번

열로 인한 통증을 가리킨다. 이로부터 파생되어
'괴로워하다' '답답해하다'는 뜻으로 쓰인다.
또한 '번거롭다' '많다' 등의 뜻으로도 쓰인다.

번뇌(煩惱), 번다(煩多), 번민(煩悶)

말과 내용이 모두 갖춰지면 번거로움과 간소함이 이치에 맞게 된다.
— 유지기(劉知幾), 『사통(史通)』—

몸은 마음의 치유제이다.
답답해진 마음은 몸을 움직여 풀어야 한다.

2月 2日

바랄 망

높은 곳에 올라 멀리 바라보는 형상으로 '바라보다'는 뜻으로 쓰인다.
무언가를 바라본다는 것은 그쪽으로 향해 있다는 것이고,
그쪽을 향해 무언가를 '바라다'는 뜻이기도 하다.

대망(待望), 망향(望鄕), 망루(望樓)

군자는 잘 드러나지 않은 바도 알고 환히 드러난 것도 알며,
온유할 줄도 알며 강인할 줄도 안다. 그래서 만민이 그를 우러른다.
─『역경』─

작은 바람도 차곡차곡 쌓이면
나를 빚어내 준다.

11月 26日

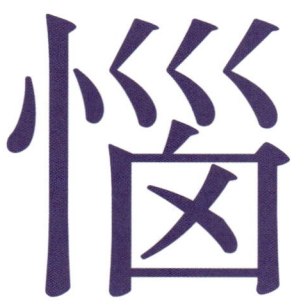

괴로워할 뇌

원망이나 분노를 드러냄을 가리킨다. 이로부터 파생되어
'괴로워하다' '고뇌하다' 등의 뜻으로 쓰인다.

고뇌(苦惱), 뇌쇄적(惱殺的)

죽음을 눈앞에 두었을 때도 일찍이 고통과 번뇌가 없었다. 다만 서쪽을
향해 정좌하고 불경을 읽으며 이렇게 말했다. "모든 것이 허상이다."
— 요사렴(姚思廉), 『진서(陳書)』 —

고뇌는 소모적이다.
그저 마음과 몸을 갉아먹을 따름이다.

2月 3日

바랄 희

바라보는 형상으로, 이로부터 '바라보다' '바라다'는 뜻으로 쓰인다.
여기에 '드물다'는 뜻이 더해졌고, 드문 것은 희귀하고 희귀하면
소유하고 싶어지므로 '우러르다' '추앙하다'는 뜻도 지니게 되었다.
한편 '소리가 거의 들리지 않음'을 뜻하기도 한다.

희망(希望), 희구(希求), 희미(希微)

큰 그릇은 완성되지 아니하고,
큰 음악은 소리가 희미하며,
큰 형상은 형체가 없다.
―『노자』―

내가 어디에 있든 희망은 내게 미소 짓는다.

11月 25日

읊을 탄

길게 소리를 내는 형상으로, '읊조리다'는 뜻이다.
여기에 '탄식하다' '찬미하다' '화답하다' 등의 뜻이 부가되어 쓰인다.

개탄(慨歎), 탄식(歎息), 탄복(歎服)

제자 안연이 "오!" 하며 찬미하였다. "스승님께서는 우러를수록
더욱 높아지고 파고들면 더욱 단단해지신다. 바라보면 앞에
계신 듯하다가 어느새 뒤에 계신다."
―『논어』―

나에 대한 찬미가 남에게 선물이 될 때
그것은 결코 자만이 아니다.

2月 4日

흴 소

염색하지 않고 수도 놓지 않은 비단을 가리킨다. 곧 비단 본래의 색인
'흰색'을 뜻한다. 옛사람들은 흰색을 모든 색의 바탕이라고 여겼던
까닭에 이로부터 '본질' '근원'이라는 뜻으로 쓰인다. 한편 평상시를
시간의 바탕이라고 여겼던 까닭에 '평소'라는 뜻으로도 쓰인다.

소망(素望), 원소(元素), 평소(平素)

장수가 평소에 행하는 바로 백성을 가르치면 백성이 복종하지만,
장수가 평소 행하지 않는 바로 백성을 가르치면 백성은 복종하지 않는다.
―『손자병법(孫子兵法)』―

소망은 나를 덮어 주는 우산이다.

11月 24日

분개할 개

'분개하다'는 뜻이다. '개탄하다'는 뜻으로도 쓰인다.

감개(感慨), 분개(憤慨), 강개(慷慨)

공자가 분개하고 탄식하며 말했다. "아, 위정자는 백성을 함정에 빠뜨리고
백성은 위정자를 죽이니 이것이 타당한 일이란 말인가?"
—『순자』—

사람은 사회적 동물이다.
불의에 분개할 줄 알아야 하는 까닭이다.

2月 5日

원할 원

큰 머리를 형용한 한자로, '원하다'는 뜻으로 쓰인다.
이로부터 파생되어 '지향하다'는 뜻으로 쓰이고, '다짐하다' 등의
뜻이 부가되었다.

소원(素願), 지원(志願), 서원(誓願)

부귀는 내가 원하는 바가 아니요,
도읍도 내가 바라는 곳이 아니다.
— 도잠(陶潛), 「귀거래사(歸去來辭)」 —

한 사회에 만 명이 있으면 만 가지의 소원이 있게 마련이다.
사회가 나의 소원대로 움직이지 않는 이유다.

11月 23日

넋 혼

육신을 떠나 존재하는 영기(靈氣)를 가리키는 한자로
'넋' '혼'이라는 뜻이다. 이로부터 파생되어 '정신' '얼' 등의
뜻으로 쓰이고, 사물의 정령을 가리키기도 한다.

상혼(傷魂), 혼백(魂魄), 영혼(靈魂)

잠을 잘 때는 혼백이 활동하고, 깨어 있을 때는 육신이 활동한다.
―『장자』―

고통을 딛고 서서 고통으로 영혼을 조각할 때
참된 힘이 그 영혼으로 나온다.

2月 6日

생각 념/염

입이 자신의 가슴을 향해 말하는 형상으로, 여기에 '생각하다'는 뜻이 부여되었다. 이로부터 '바라다' '사유하다' '우려하다' 등의 뜻이 파생되었다. 한편 말하는 듯한 입의 형상이기도 하여 '읽다'는 뜻으로도 쓰인다.

염원(念願), 염려(念慮), 염두(念頭)

사람의 본성은 외물에 이끌리기 마련이어서 배우지 않으면
군자를 버리고 소인배가 됨을 어찌 염두에 두지 않을 수 있겠는가?
— 구양수(歐陽修), 「가르침에 대하여」—

**생각이 행동의 주인인 삶과
생각이 행동의 노예인 삶은 하늘과 땅 차이다.**

11月 22日

傷

상처 상

창 등의 병기로 상처 입은 형상으로, 이로부터 '상처'라는 뜻으로 쓰인다. 또한 '손해 보다' '헐뜯다' '근심하다' 등의 뜻으로도 쓰인다.

애상(哀傷), 손상(損傷), 중상모략(中傷謀略)

황제의 명을 받은 이래로 혹 황제가 부탁하신 바를 이루지 못함으로써
황제의 명철하심에 손상을 입힐까 밤낮으로 근심하고 탄식하였다.
— 제갈량(諸葛亮), 「출사표」—

마음으로 입은 상처의 크기는 당사자도 모른다.
그렇지만 네가 곁에 서 있기만 해도 위안이 된다.

2月 7日

빌 기

하늘에 복과 안전을 '빌다'는 뜻으로,
'바라다' '구하다' 등의 뜻으로도 쓰인다.

기원(祈願), 기도(祈禱), 기우제(祈雨祭)

기쁨을 바라지 않으면 복을 받게 되고,
장수를 구하지 않으면 저절로 생명이 늘어난다.
— 혜강(嵇康), 「양생을 비난한 논의에 답하다」 —

나는 단 한 번이라도
간절하게 빌었던 적이 있던가?

11月 21日

근심 수

'근심하다' '시름에 젖다'는 뜻이다.
이로부터 파생되어 '원망하다'는 뜻으로도 쓰인다.

애수(哀愁), 수심(愁心), 객수(客愁)

슬퍼하되 시름에 젖어서는 안 되고, 즐거워하되 망가져서는 안 된다.
- 좌구명, 『춘추좌전』 -

오늘의 근심만을 걱정하라.
다가올 근심은 그때 가서 걱정하라.

2月 8日

구할 구

본래 가죽옷을 뜻했지만 裘(갖옷 구)가 가죽옷이라는 뜻을
전담하게 된 다음에 '구하다'는 뜻이 새로 생겼다. 이로부터 파생되어
'찾다' '물색하다' '기원하다' 등의 뜻으로도 쓰인다.

기구(祈求), 탐구(探求), 구도(求道)

뜻있는 선비와 어진 사람은 생계를 구하느라 어짊을 해치지 않으며
자신을 희생하여 어짊을 이룬다.
- 『논어』 -

꾸준히 구함에서 나의 새로움이 비롯된다.

11月 20日

슬플 애

'마음 아프다' '슬프다'는 뜻이다. 이로부터 파생되어 '연민하다' '애처롭다' '아끼다' 등의 뜻으로도 쓰인다.

비애(悲哀), 애걸(哀乞), 애절(哀切)

증자가 말했다. "새는 죽음을 앞두었을 때 그 울음이 참으로 애처롭고, 사람은 죽음을 앞두었을 때 그 말이 참으로 선하다."
―『논어』―

선택은 선택하지 않은 나머지를 아낌없이 버리는 것이다.

2月 9日

쫓아갈 추

적의 군대를 쫓아 나아가는 모습으로, '쫓아가다'는 뜻이다.
이로부터 파생되어 '구하다' '지향하다'는 뜻으로도 쓰인다.

추구(追求), 추앙(追仰), 추모(追慕)

사건의 공평한 처리를 추구함으로써 다가오는 세상을 바로잡는다.
— 육가(陸賈), 『신어(新語)』 —

무엇을 추구하는가는 중요하다.
다만 그것으로 무엇을 할 것인지가 더욱 중요하다.

11月 19日

슬플 비

'애통하다' '마음 아프다'는 뜻이다.
이로부터 '슬프다' '처량하다' '비통하다' 등의 뜻으로도 쓰인다.

비추(悲秋), 비탄(悲歎), 비극(悲劇)

미래에 지금을 보면, 지금 과거를 보는 것 같으리니 슬프도다!
— 왕희지(王羲之), 「난정(蘭亭)에 모여 쓴 시집의 서문」 —

슬픔은 품는 것이 아니라 뱉는 것이다.

2月 10日

목마를 갈

물줄기가 마르는 형상으로부터 '목마르다'는 뜻으로 쓰이고,
이로부터 파생되어 '다하다' '간절히 바라다' 등의 뜻으로도 쓰인다.

갈구(渴求), 갈망(渴望)

좋은 사람은 선을 행하느라 하루를 다 쓰고,
악한 사람은 악을 행하느라 하루를 다 쓴다.
— 공안국(孔安國), 『상서전(尙書傳)』 —

목마름은 이성을 태운다.

11月 18日

바탕 질

물건 등을 '담보로 잡다'는 뜻으로, '인질' 등의 뜻으로도 쓰인다.
여기에 '바탕' '근본' '소박하다' '묻다' 등의 뜻이 부가되어 쓰인다.

질의(質疑), 본질(本質), 질박(質朴), 대질(對質)

군자는 의로움을 바탕으로 삼고 예로써 의를 행한다.
-『논어』-

석가탑은 소박함으로 다보탑의 화려함을
듬직하게 해 준다.

2月 11日

기간 기

期 속의 月(달 월)은 일월, 곧 '세월' '시간'을 뜻한다. 이로부터
'기한을 두다' '약속하다' '바라다' 등의 뜻으로 파생되어 쓰인다.

기대(期待), 시기(時期), 기한(期限)

공덕에는 크고 작음이 있고
수명의 기한에는 길고 짧음이 있으며,
시세에는 한창때와 끝날 때가 있고
천도에는 번성할 때와 쇠퇴할 때가 있다.
— 반고(班固), 『한서(漢書)』 —

기대대로 되지 않는 것이 세상이요, 사람이다.

11月 17日

의심할 의

어디 방향으로 가야 할지를 몰라 머뭇대는 사람의 형상으로,
'의심하다'는 뜻이다. 이로부터 '의문' '미혹케 하다' 등의
뜻으로도 파생되어 쓰인다.

회의(懷疑), 의문(疑問), 혐의(嫌疑)

무릇 증자가 어질었던 까닭에 그의 어머니는 그를 신뢰하였다.
그래서 세 사람이 와서 그의 어머니를 미혹케 했지만 결국
그의 어머니는 이를 믿지 않았다.
―『전국책』―

"왜?"라고 묻고 "어떻게?"를 헤아리는 힘은
어떤 한계이든 너끈히 뛰어넘게 해 준다.

2月 12日

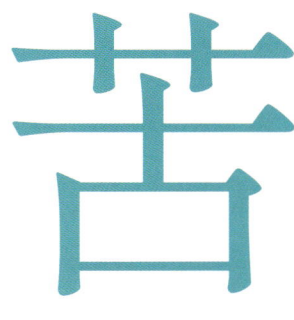

쓸 고

쓴맛의 채소를 가리키며, 이로부터 '쓰다'는 뜻으로 쓰인다. 또한 '고통' '곤욕' '고통스러울 정도로 힘을 씀' 등의 뜻으로 파생되었다.

고대(苦待), 고통(苦痛), 고진감래(苦盡甘來)

하늘은 앞으로 큰 임무를 내려 줄 사람에게는 먼저 그의 마음을
고통스럽게 하고 그의 신체를 피로케 하여 그를 단련시킨다.
— 『맹자(孟子)』 —

좋은 약이라고 하여 꼭 써야 하는 것은 아니다.
마찬가지로 고생을 굳이 사서 할 필요도 없다.

11月 16日

돌 회

빙빙 도는 모습으로, '돌다'는 뜻이다.
이로부터 '돌아가다' '포위하다' 등의 뜻으로도 쓰인다.
또한 단위를 나타내 '차례'와 같은 뜻으로 쓰이기도 한다.

회고(回顧), 우회(迂回), 회춘(回春)

밝고 밝은 저 은하수, 하늘을 환하게 휘둘러 흐른다.
—『시경』—

9회 말 투아웃에서의 뒤집기가 있어
스포츠는 인생이 된다.

2月 13日

묶을 약

끈으로 둘러매는 데서 비롯되어 '묶다'는 뜻으로 쓰이고, 이로부터 파생되어 '약속하다' '단속하다' '간략하다' 등의 뜻으로도 쓰인다.

기약(期約), 검약(儉約), 요약(要約)

군자는 학예를 널리 배우고 예로써 스스로를 단속한다.
-『논어』-

사유는 치밀하게,
말은 간략하게,
행동은 섬세하게.

11月 15日

돌아볼 고

'돌아보다'는 뜻으로, 이로부터 '보다' '성찰하다'
'보살피다' 등의 뜻으로 쓰인다.

고려(顧慮), 고객(顧客), 삼고초려(三顧草廬)

현명한 군주는 아랫사람으로 하여금 힘을 다하게 하고
법과 본분을 지키게 한다. 그래서 뭇 신하들이 힘써 군주를 존중하며
자신의 집안을 돌아보지 않게 된다.
―『관자』―

멋진 이를 보면 그를 닮으려 하고,
못난 이를 보면 나 자신을 돌이켜 본다.

2月 14日

묶을 속

자루의 양 끝을 묶는 형상으로부터 '묶다' '동여매다'는 뜻으로 쓰이고,
이로부터 파생되어 '모으다' '제한하다' '단속하다'는 뜻으로도 쓰인다.

약속(約束), 속박(束縛), 속수무책(束手無策)

덕을 닦고 자신을 단속하며 스스로 삼감은
삿된 마음을 제어하여 올바른 뜻을 지켜 가는 방도이다.
― 유향, 『설원』―

약속 하나, 실천 하나, 성찰 하나!

11月 14日

생각할 려/여

'생각하다'는 뜻이다. 이로부터 파생되어
'우려하다' 등의 뜻으로도 쓰인다.

고려(考慮), 사려(思慮), 우려(憂慮)

사람이 멀리 내다보며 헤아리지 않으면
반드시 걱정할 일이 가까이에 생기게 마련이다.
―『논어』―

사람은 태어났기에 생각하는 것이 아니라
사람답게 살려고 생각하는 것이다.

2月 15日

갖출 비

화살을 가득 꽂은 화살통을 등에 매고 있는 형상에서
비롯되어 '갖추다' '구비하다'는 뜻으로 쓰인다.
또한 '준비하다' '방비하다' 등의 뜻도 지닌다.

준비(準備), 비축(備蓄), 유비무환(有備無患)

창고에 곡식을 비축해 두지 않으면 흉년과 기아를 방비할 수가 없고,
무기고에 병기를 준비해 두지 않으면 비록 정의롭다고 하여도
불의한 이들을 바로잡을 수 없게 된다.
—『묵자(墨子)』—

준비는 불확실한 미래에 물꼬를 트는 투자이다.

11月 13日

생각할 고

본래는 '아버지'나 '노인'을 뜻했고,
여기에 '생각하다'는 뜻이 부가되었다. 이로부터 파생되어
'살피다' '헤아리다' 등의 뜻으로도 쓰인다.

사고(思考), 고찰(考察), 참고(參考)

살아계실 때에는 '부(父)'라 하고 돌아가시면 '고(考)'라 한다.
— 『예기』 —

참고를 많이 할수록 산으로 가는 배가 되지 않게 함이
헤아림의 기술이다.

2月 16日

대답할 대

땅을 개간하는 도구를 손으로 든 모양에서 비롯되어
'대답하다'는 뜻이 부가되었다. 한편 땅을 일군 뒤 사람들은
함께 의논해 나무를 심어 경계를 표시했는데, 경계를 표시하는
과정에서 상호 작용을 하기에 이로부터 '응대하다'
'응답하다' '짝하다' 등의 뜻이 파생되었다.

대비(對備), 대응(對應), 대구(對句)

인생 득의했을 때는 모름지기 즐거움을 다해야 하나니
금 술잔 빈 채로 달과 마주하지 말지라.
— 이백(李白), 「술 권하며」 —

**대비한다는 것은 미래를 내가 원하는 대로
만들어 가는 것이다.**

11月 12日

자맥질할 잠

물속으로 잠수하여 '물을 건너다'는 뜻이다.
이로부터 '잠기다' '자맥질하다' 등의 뜻으로 쓰이고,
'숨기다' '남몰래' 등의 뜻으로도 파생되어 쓰인다.

침잠(沈潛), 잠행(潛行), 잠수(潛水)

동물은 산속에 살기도 하고 나무에 서식하기도 하며, 나뭇가지에
둥지를 틀기도 하고 동굴에서 숨어 있기도 하며, 물속에 잠겨 있기도 하고
물에서 살아가기도 한다. 다 자기가 편안한 바를 찾아서 사는 것이다.
— 유안, 『회남자』 —

내면에 침잠하는 것은 물속으로 잠수하는 것과 같다.
깊이 들어가면 숨 막히고 얕게 잠수하면 본 것이 없게 된다.

2月 17日

채찍 책

대나무를 쪼개서 필기용으로 만든 죽간을 가리켰으나,
훗날 '말채찍'이라는 뜻이 부가되었다. 이 죽간에 천하 통치와
관련한 내용을 적었던 까닭에 '책략' '방책' 등의 뜻으로도 쓰인다.

대책(對策), 정책(政策), 책정(策定)

아무리 말을 잘 다루는 달인이라도 채찍 없이 말을 몰 수는 없다.
― 환관(桓寬), 『염철론(鹽鐵論)』 ―

달리는 말에 무작정 채찍을 가하면
천리마라도 얼마 못 가서 지친다.

11月 11日

말씀 언

입으로부터 나오는 소리, 곧 '말'이라는 뜻이다.
이로부터 '말하다' '의논하다' '언설' 등의 뜻으로도 쓰인다.

묵언(默言), 언어(言語), 언변(言辯)

공자가 말했다. "천명을 알지 못하면 군자가 될 수 없고, 예의를
알지 못하면 어른으로 설 수 없으며, 말을 모르면 사람을 알 수가 없다."
―『논어』―

말의 품격은 말한 이의 인품으로부터 나온다.

2月 18日

다스릴 략/약

영토를 정하고 경영함을 가리킨다. 이로부터 '다스리다'는
뜻으로 쓰이고, '지모(智謀)' 등의 뜻으로 파생되었다.
훗날 '빼앗다' '줄이다' '경시하다' 등의 뜻이 부가되었다.

책략(策略), 공략(攻略), 약력(略曆)

군자는 이익을 추구하는 일은 경시하고, 멀리 내다보는 일은 서두르며,
치욕을 피하는 것에 조심하며, 도를 행하는 것에 용감하다.
- 『순자』 -

**책략 없는 하루는 가능해도
책략 없는 인생은 버겁다.**

11月 10日

가라앉을 침, 성씨 심

'물에 던지다' '가라앉히다'는 뜻으로, 이로부터 파생되어
'잠기다' '쇠퇴하다' '매몰되다' 등의 뜻으로도 쓰인다.
한편 '심'이라고 발음되어 성씨로 쓰인다.

침묵(沈默), 부침(浮沈), 침몰(沈沒)

과인이 상서롭지 못하다 보니 조상신께서 독소를 입혀
아첨하는 신하에 빠지고 말았다.
―『전국책』―

나의 마음에 나를 담가 본다. 마음 저 밑에 가라앉은
삶의 응어리를 캐내어 마음 밖으로 내던진다.

2月 19日

미리 예

덩치가 큰 코끼리를 가리켰으나, 이후 '미리'라는 뜻의
預(미리 예)와 같은 의미로 쓰였고, 이로부터 '예비하다'
'머뭇거리다'는 뜻으로 파생되어 쓰인다.

예비(豫備), 예방(豫防), 유예(猶豫)

경계하는 것으로는 예비만 한 것이 없으니
예비를 하면 나중에는 넉넉해진다.
— 좌구명,『국어』—

주저함 속에서도 내일을 위한 준비가 시작된다.

11月 9日

묵묵할 묵

'말하지 않다' '침묵하다'는 뜻으로, 이로부터 파생되어
'남몰래' '흑암' 등의 뜻으로도 쓰인다.

묵상(默想), 묵념(默念), 묵계(默契)

공자가 말했다. "묵묵히 알아 가고 배움에 싫증 내지 않으며 가르침에
게을리 하지 않으니 내게 무슨 어려움이 있겠는가?"
―『논어』―

자신이 모르는 바에 대해서는
가만히 침묵할 줄 알아야 한다.

2月 20日

잴 측

'도달하다'라는 뜻으로, 이로부터 '끝에 도달하다' '다하다'는
뜻으로 쓰인다. 이후 '재다'는 뜻이 부가되었고,
여기서 '헤아리다' '추측하다'는 뜻으로 파생되어 쓰인다.

예측(豫測), 측량(測量), 추측(推測)

뭇 사람들의 지혜로도 하늘을 헤아릴 수 있으나
더불어 할 것인지 독단으로 할 것인지는 오로지 자신에게 달려 있다.
— 유향, 『설원』 —

부딪쳐 보지도 않고 예측만 하는 것은
공상에 불과하다.

11月 8日

어두울 명

'어둑어둑하다'는 뜻이다.
이로부터 '어둡다' '땅거미가 지다' 등의 뜻으로도 쓰인다.

명상(瞑想), 회명(晦冥)

다리 위에서 동쪽을 바라보니 푸둥(浦東)의 서양식 다리가
거대한 괴수처럼 땅거미 속에서 웅크리고 있는 것을 볼 수 있었다.
— 마오둔(茅盾), 『한밤』 —

**땅거미가 깔릴 때 뭇 별들이 빛나기 시작한다.
그렇듯 어둠은 빛남을 불러온다.**

2月 21日

셈할 계

합쳐서 셈하는 것, 곧 '결산하다'는 뜻으로,
이로부터 '살피다' '세우다' 등의 뜻이 파생되었다.

계측(計測), 설계(設計), 가계(家計)

현명한 군주는 계책에 맡기고 분노를 믿지 않고,
어두운 군주는 분노를 믿고 계책에 맡기지 않는다.
계책이 분노를 이기면 강해지고 분노가 계책을 이기면 망한다.
- 『순자』 -

하루하루를 위한 계책,
거친 세상을 살아가는 미더운 징검다리.

11月 7日

모양 상

모양이 닮았음을 가리키는 데서 '닮다'는 뜻으로 쓰인다.
이로부터 '모양' '따라하다' 등의 뜻으로 쓰인다.

상상(想像), 형상(形像), 실상(實像)

온 세상이 그를 따름이 마치 메아리가 소리에 부응하듯이,
그림자가 본체를 따라하는 것 같다.
— 유안, 『회남자』 —

물은 담기는 그릇을 닮고 외모는 마음을 닮는다.

2月 22日

그을 획

뾰족한 도구로 '쪼개다' '깎다'는 뜻이다.
이로부터 파생되어 줄이나 한자의 획을 '긋다'는 뜻으로 쓰인다.
여기서 '나누다'는 뜻으로 파생되어 쓰이고,
'한자의 획을 긋다'에서 '계획하다'는 뜻으로 파생되어 쓰인다.

계획(計劃), 획일적(劃一的), 획책(劃策)

역부족이라고 함은 하다가 힘에 부쳐서 중도에 그만두는 것이다.
지금 너는 하지도 않은 채 스스로 한계를 긋고 있다.
- 『논어』 -

계획은 욕심을 비워 냄으로써
삶을 채워 가는 것이다.

11月 6日

생각할 상

'생각하다'는 뜻이다. 이로부터 파생되어
'하고 싶다' '상상하다' '추측하다' 등의 뜻으로도 쓰인다.

사상(思想), 몽상(夢想), 상사병(相思病)

내가 공자의 책을 읽어 보니 공자 본인을 만나고 싶어졌다.
— 사마천, 『사기』 —

지금과 다르게 살고자 하면 열심히 상상하라.

2月 23日

바랄 기

사람이 발돋움하고 서 있는 형상에서 '바라다' '기대하다'는 뜻으로
쓰이고, 이로부터 '꾀하다' '도모하다'는 뜻으로 파생되어 쓰인다.

기획(企劃), 기망(企望), 기업(企業)

발 돋우면 오래 설 수 없고 성큼성큼 걸으면 오래가지 못한다.
-『노자』-

기획은 치열하고 야무지게,
실행은 냉철하고 담대하게.

11月 5日

생각할 유

'생각하다' '도모하다'는 뜻이다.
여기에 '오직' 등의 뜻이 부가되었다.

사유(思惟), 유독(惟獨), 유일(惟一)

이것은 군주의 안정 또는 위태로워짐을 결정하는 요체이고 국가의
대사로, 제가 깊이 사유하고 고통스러울 정도로 헤아려 본 바입니다.
― 『전국책』 ―

사유는 사람만이 지닌
더없이 날카로운 무기이다.

2月 24日

꾀할 모

재난을 우려하는 형상으로, 이로부터 대책을 '꾀하다'는 뜻으로 쓰인다. 여기서 '모의하다' '도모하다'는 뜻으로 파생되어 쓰인다.

도모(圖謀), 모의(謀議), 모반(謀反)

황당무계한 말은 듣지 말고
논의를 거치지 않은 모략은 쓰지 말라.
―『서경』―

도모는 뛰면서 하는 것.

11月 4日

찾을 탐

더듬어서 잡는 형상으로, '취하다'는 뜻이다.
이로부터 파생되어 '찾다' '맛보다' '탐구하다' 등의 뜻으로도 쓰인다.

탐색(探索), 탐정(探偵), 밀탐(密探)

선하지 못한 것을 보면 끓는 국물을 맛보듯 한다.
―『논어』―

무언가를 탐색한다는 것은 그것만을 탐색하는 것이 아니라
그것을 둘러싼 형세도 탐색한다는 것이다.

2月 25日

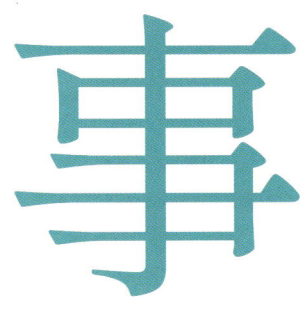

일 사

직무를 뜻하는 한자로, 이로부터 '일'이라는 뜻으로 쓰인다.
나아가 '일하다'는 뜻으로 쓰였고, 여기서 '일삼다' '섬기다'는
뜻으로 파생되어 쓰인다.

모사(謀事), 사무(事務), 사대주의(事大主義)

제갈량이 탄식했다. "일을 꾸밈은 사람에게 달려 있지만
일을 이룸은 하늘에 달려 있다. 억지로 할 수 없는 것이로다!"
―『삼국연의(三國演義)』―

노는 것도 일삼아야 잘 놀게 된다.

11月 3日

동아줄 삭, 찾을 색

두 손으로 새끼줄을 꼬는 형상으로, '동아줄'이라는 뜻이다.
이로부터 '꼬다' 등의 뜻으로도 쓰인다.
여기에 '찾다' '취하다' 등의 뜻이 부가되었다.

사색(思索), 색인(索引), 삭도(索道), 삭막(索莫)

저는 주군께서는 사절단을 꾸려 초나라로 가심에 식객 가운데
20명과 함께하고자 하여 바깥에서 찾지 않으신다고 들었습니다.
— 사마천, 『사기』 —

자신의 참된 자아를 찾아 떠난 이는
결국 출발한 곳으로 되돌아온다.

2月 26日

의논할 의

'타당한 말'이라는 뜻이다. 이로부터 '의논하다' '논평하다' '비판하다' 등의 뜻으로 쓰인다.

모의(謀議), 의결(議決), 의회(議會)

무릇 관리의 말은 구차하게 둘러대는 말이어서는 안 되고, 식자의 논의는 구차하게 내뱉는 말이어서는 안 된다. 반드시 이치에 합당한 다음에 말하고 반드시 공정한 다음에 의논해야 한다.
— 여불위(呂不韋), 『여씨춘추(呂氏春秋)』 —

한 사람의 탁견보다는 대중의 논의가 더욱 미덥다.

11月 2日

깊을 심

손으로 짚어서 동굴의 깊이를 파악하는 행위를 형용한 것으로, 이로부터 '깊다'라는 뜻으로 쓰인다. 또한 정도나 경지 등이 '심원하다', 수준이나 성취가 '높다' '깊다' 등의 뜻으로도 쓰인다.

심사(深思), 심원(深遠), 수심(水深)

들어갈수록 더욱 깊어지고 나아가기가
더욱 어려울수록 그 경관은 더욱 빼어나다.
− 왕안석,「포선산(褒禪山) 유람을 쓰다」−

삶에 깊이를 가하자.
깊음에서만 비롯되는 것들이 있기 때문이다.

2月 27日

봄 춘

땅 위로 새싹이 솟아나는 형상으로, '봄'을 뜻한다. 봄과 밀접하게
관련된 초목이 '자라다' '생기발랄하다'는 뜻으로도 쓰인다.

입춘(立春), 춘색(春色), 춘흥(春興)

그는 자그마한 분홍 꽃의 꿈을 알고 있었다.
가을 뒤에는 반드시 봄이 온다는 것을.
— 루쉰, 「가을밤」 —

봄은 봄이다. 꽃을 그리고 그 속의 생명력을.

11月 1日

생각할 사

머리와 마음을 가리키는 형상으로, '생각하다'는 뜻으로 쓰인다.
이로부터 파생되어 '사모하다' '그리워하다' 등의 뜻으로도 쓰인다.

사모(思慕), 사춘기(思春期), 사조(思潮)

마음이라는 기관은 생각을 관장한다.
―『맹자』―

생각은 저절로 되는 것이 아니다.
하고자 노력해야 비로소 되는 것이다.

2月 28日

새벽 효

동이 틈을 가리키는 데서 '새벽'이라는 뜻으로 쓰인다.
새벽은 어둠이 걷히는 것이기에 '깨닫다' '일깨우다'는 뜻으로
파생되어 쓰이고, 이로부터 '정통하다'는 뜻으로도 쓰인다.

춘효(春曉), 효유(曉諭)

경전의 말은 비유컨대 태양의 밝음이고, 주석서로 도움을 받는 것은
비유컨대 창문을 열었을 때의 밝음이다. 뭇사람들의 말로 사람들을
일깨우는 것은 그저 창문을 열거나 태양 빛이 비치는 것에 지나지 않는다.
— 왕충(王充), 『논형(論衡)』 —

**온 대지를 가득 채우는 햇빛도 새벽의 흐릿한
밝음으로부터 시작된다.**

사색과 명상

2月 29日

윤달 윤

역법의 전문 용어로, 1년이 365일+1/4일인 까닭에 4년에 한 번씩
하루를 더한다. 이렇게 더하는 날을 '윤일(閏日)'이라고 한다.
또한 음력과 양력은 1년에 약 10일+21시 차이가 난다. 이로 인한
괴리를 보정하기 위해 음력에는 3년마다 한 달을 더한다.
이를 '윤월(閏月)'이라고 한다.

윤일(閏日), 윤월(閏月)

1년은 366일이고, 윤달로 사계절을 조정하여 1년으로 삼는다.
―『서경』―

삶에서 덤이란 없다.
다 이유가 있기에 주어지는 것이다.

10月 31日

붉을 단

붉은 모래나 돌을 가리킨 데서 비롯되어
'붉다' '붉은 모래' 등의 뜻으로 쓰인다.

단풍(丹楓), 단약(丹藥), 일편단심(一片丹心)

온화한 기운이 서로 감응하면 구릉에서 검고 붉은 돌이 출토된다. 이를
복용하면 군주는 오랫동안 강건하고 백성은 장수하며 세상은 태평해진다.
— 장화(張華), 『박물지(博物志)』 —

스스로 내려놓지 않는 한,
붉지 않은 마음이란 없다.

3月

생명의 부활, 봄의 환희

生

10月 30日

단풍나무 풍

'단풍나무'라는 뜻이다. 이로부터 '단풍'이라는 뜻으로 쓰이고,
낙엽을 떨구는 나무를 가리키기도 한다.

풍림(楓林), 풍엽(楓葉)

달은 지고 까마귀 울 제 찬 서리 하늘 가득한데,
강가 단풍 고깃배 불빛 마주하니 시름겨워 잠 못 든다.
— 장계(張繼), 장계「풍교(楓橋) 다리 가에서 하룻밤을 묵다」—

**노랑 단풍, 붉은 단풍이 서로를 빛나게 해 주어
더욱 고운 단풍 숲.**

3月 1日

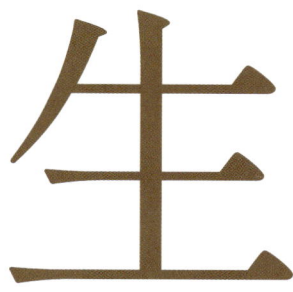

날 생

풀이 땅 위로 솟아나 있는 모양으로,
'낳다'는 뜻과 이로부터 파생된 '생기다' '살아가다'
'생생하다' '생명' 등의 뜻을 지닌다.

생생(生生), 발생(發生), 생태(生態)

도는 하나를 낳고, 하나는 둘을 낳으며,
둘은 셋을 낳고, 셋은 만물을 낳는다.
—『노자』—

땅은 아픔으로 새싹을 틔워 낸다.

10月 29日

수풀 림/임

나무가 나란히 서 있는 형상으로, '숲'이라는 뜻이다.
이로부터 파생되어 무언가가 모여 있는 것을 가리키기도 한다.

서림(書林), 삼림(森林), 임업(林業)

식자는 이 다섯 가지를 갖춘 연후에 세상에 맡겨질 수 있고
군자의 숲에도 놓일 수 있다.
— 사마천, 「임안에게 드리는 글」 —

**숲은 나무를 닮고자 하는 사람들의
청량한 영감이다.**

3月 2日

이룰 성

병기를 들고 성을 지키는 모습으로,
여기에 '이루다'는 뜻이 부가되었다. 이로부터 '성취하다'
'성공하다' '공적' 등의 뜻이 파생되어 쓰인다.

생성(生成), 살신성인(殺身成仁), 성숙(成熟)

공자가 말했다. "군자는 다른 이의 아름다움을 이루어 주고
다른 사람의 추악함은 이루어지지 못하게 한다.
소인배는 이와 정반대이다."
—『논어』—

큰 그릇이란 완성을 거부하며
늘 새로운 그릇 역할을 한다.

10月 28日

베낄 사

물건을 놓는 행위를 가리키는 데로부터 비롯되어
'옮겨 놓다' '보내 주다'의 뜻으로 쓰인다.
여기에 '쓰다' '베끼다' '다하다' 등의 뜻이 부가되었다.

서사(書寫), 사진(寫眞), 사실주의(寫實主義)

어리석지만 마음을 다하고 진정을 다하여
군주의 허물을 꾸미지 않음이 충성을 다하는 것이다.
– 동중서, 『춘추번로』 –

**입 밖에 낸 말은 쉬이 증발되지만,
문서에 쓴 글은 쉽게 휘발되지 않는다.**

3月 3日

길 장

노인이 지팡이를 짚고 서 있는 형상으로, '연장자'라는 뜻이다.
'오래되다' '길다' '우두머리' '자라다'는 뜻으로 파생되어 쓰인다.

장성(長成), 수장(首長), 장점(長點)

무릇 인문은 오랫동안 사용될 수 있지만,
무력은 오래 시행되기가 어렵다.
— 환관, 『염철론』 —

길고 짧은 것은 늘 상대적이다.

10月 27日

노래 가

'노래하다'라는 뜻으로, 이로부터 '노래' '시가' 등의 뜻으로도 쓰인다.
또한 '주장하다' '찬양하다' 등의 뜻으로도 쓰인다.

시가(詩歌), 가창(歌唱), 사면초가(四面楚歌)

시는 뜻을 말한 것이고 노래는 그 말을 길게 읊조린 것이다.
그냥 말로 해서는 성에 차지 않아 말을 길게 읊조린 것이다.
―『서경』―

**내가 살아온 궤적은 그 자체로
노래가 되고 시가 된다.**

3月 4日

기를 육

아이를 낳는 모양으로, 이로부터
자식을 '기르다'는 뜻으로 쓰인다. 또한
'잘 키우다' '교육하다' '자라나다' 등의 뜻으로도 쓰인다.

생육(生育), 육성(育成), 발육(發育)

동물이 성장할 때에는 뭇 가축이 길러지고,
동물이 죽어 갈 때에는 초목이 번성한다.
―『순자』―

속으로 자라 밖으로 드러나는 우리.

10月 26日

시 시

뜻이나 마음이 말로 드러난 것을 가리키는 데서
'시'라는 뜻으로 쓰인다.

시서(詩書), 시문(詩文), 시인(詩人)

마음에 있으면 뜻이고, 그것이 말로 나오면 시가 된다.
— 공영달(孔穎達), 『모시정의(毛詩正義)』—

**삶이 그대를 속일 때조차 읊조릴 시 한 수 있으면
그 사람의 삶은 괜찮다.**

3月 5日

기를 양

양에게 먹이를 주는 형상으로, 이로부터 '가축을 치다'
'기르다'는 뜻으로 쓰인다. 또한 본래 양 등의 가축을 치는 것을
뜻했지만 이로부터 식물을 기르고, 자녀를 양육하며,
부모를 공양하는 활동 등을 두루 뜻하게 되었다.

양육(養育), 공양(供養), 양생(養生)

덕행은 오로지 선정을 베풂이고 정치는 백성을 잘 공양함이다.
—『서경』—

동물을 기른다는 것은
그들에게 마음 한 자락을 내어 주는 일.

10月 25日

따를 수

'따르다'는 뜻으로, 이로부터 '~에 따라' '추구하다' 등의
뜻으로 쓰인다. 또한 '즉시'라는 뜻으로도 쓰인다.

수필(隨筆), 수시(隨時), 추수(追隨)

바람 따라 은밀히 밤에 스며들어, 만물을 소리 없이 촉촉이 적신다.
– 두보, 「봄밤에 내리는 반가운 비」 –

버거울 때는 한번쯤,
그저 발길 따라 자신을 내맡겨도 된다.

3月 6日

북돋울 배

흙으로 덮어 두텁게 해 주는 행위를 가리킨다. 이로부터 '북돋우다'는 뜻으로 쓰였고, '불리다' '양육하다' 등의 뜻으로도 파생되어 쓰인다.

배양(培養), 배토(培土), 배재(培材)

나무를 심고 뿌리에 흙을 덮어 주지 않으면 성장할 수 없으니
사대부가 명예와 절개를 세움도 크게는 이와 같다.
― 아로도(阿魯圖), 『송사(宋史)』 ―

북돋아 줌은 스스로 치유할 수 있는 힘을 찾아 주는 것.

10月 24日

잡을 집

무릎 꿇린 사람의 두 손을 도구로 묶은 형상으로,
'잡다'라는 뜻이다. 이로부터 파생되어 '체포하다' '쥐다'
'고수하다' '집행하다' 등의 뜻으로 쓰인다.

집필(執筆), 집념(執念), 고집(固執)

성실하게 한다는 것은 선함을 택한 다음
그것을 꿋꿋하게 집행하는 것이다.
— 『중용』 —

집념은 꿈을 이루어 주지만
집착은 꿈을 허물어 버린다.

3月 7日

심을 재

담을 쌓을 때 세워 놓는 목판의 형상으로,
이로부터 식물의 어린싹을 '옮겨 심다'는 뜻으로 쓰였고,
식물을 '심다', 계획을 '수립하다' 등의 뜻으로 파생되어 쓰인다.

재배(栽培), 재식(栽植), 분재(盆栽)

이제 온 천하에 이르는 공을 세우고자 한다면,
반드시 학자를 많이 심고 배양해야만 한다.
— 장재(張栽), 『정몽(正蒙)』 —

한 그루 나무를 심는 것, 아이 한 명을 양육하는 것,
이 모두는 작은 우주를 빚어 가는 것.

10月 23日

붓 필

글을 쓰는 도구를 가리키는 형상으로, '붓'이라는 뜻이다.
이로부터 '쓰다' '필적' '글' 등의 뜻으로 쓰인다.

문필(文筆), 명필(名筆), 필화(筆禍)

말을 조리 있게 하는 자의 말은 깊이가 있고,
글을 능란하게 쓰는 자의 글은 차분하다.
— 왕충, 『논형』 —

필적에는 쓴 자의 사람됨이 각인된다.

3月 8日

밭갈 경

농기구로 논밭을 가는 형상으로, 농토를 '갈다'는 뜻이다.
이로부터 '곡식을 경작하다' '농사짓다'는 뜻으로 파생되어 쓰인다.

경작(耕作), 농경(農耕), 경운기(耕耘機)

자연의 도에 맞춰 경작하면 하늘의 도를 깨우치게 되고,
자연의 덕성에 맞춰 사냥하면 하늘의 덕을 체득하게 된다.
― 양웅(揚雄), 『법언(法言)』―

마음은 농사짓듯 갈면 옥토가 되고
제때에 갈지 않으면 황무지가 된다.

10月 22日

바칠 헌

제기에 음식을 담아 바치는 형상으로, '바치다'는 뜻이다.
이로부터 '헌신하다' '천거하다'는 뜻으로 파생되었고,
'본받다' '어질다' 등의 뜻이 부가되었다.

문헌(文獻), 헌신(獻身), 헌혈(獻血)

무릇 임금을 섬기면…… 잘못을 간언하고 잘한 일을 상찬하며,
적절한 이를 추천하고 적절치 못한 이는 교체하며, 유능한 이를 천거하고
어진 이를 등용케 하며, 인재를 택하여 추천해야 한다.
- 『국어』-

헌신은 결코 쉽지 않다.
다만 좋아하면 즐거이 헌신한다.

3月 9日

씨 종

'식물의 씨앗'을 뜻한다. 이로부터 식물의 씨앗뿐 아니라
동물과 사람의 후손을 가리키게 되었고, 씨앗이 다르면
서로 다른 것이 되는 데서 종에는 '종류'라는 뜻이 부가되었다.

파종(播種), 인종(人種), 종류(種類)

육신은 비유컨대 오곡의 뿌리, 잎과 같고
혼백은 비유컨대 오곡의 씨앗과 같다. 뿌리와 잎은 생겨나면
반드시 죽지만 씨앗이야 어찌 소멸됨이 있겠는가?
— 모자(牟子), 「미혹을 변별함에 대하여 논하다」 —

**소수였지만 그때 그들이 뿌린 가난한 노래의 씨가
독립이라는 열매를 맺었다.**

10月 21日

글 문

사람의 흉부에 무늬가 그려진 형상으로, '문신' '무늬'라는 뜻이다.
여기에 '글' '문화' 등의 뜻이 부가되었다.

문서(文書), 인문(人文), 문명(文明)

하늘 별들의 무늬를 관찰하여 시절의 변이를 살피고,
사람들의 문화를 관찰하여 천하를 교화한다.
―『역경』―

**인문은 인간다움의 무늬이고,
인간다움은 실천을 통해 드러난다.**

3月 10日

모 묘

논에 벼의 싹이 돋아 있는 형상으로, '모'라는 뜻이다.
본래 벼의 싹을 가리켰지만 그 쓰임이 확장되어 초목의 싹을
뜻하게 되었고, 동물의 갓 태어난 새끼를 뜻하기도 한다.

종묘(種苗), 묘판(苗板)

싹이 나더라도 꽃이 피지 않은 경우도 있고,
꽃이 펴도 열매를 맺지 못하는 경우도 있다.
―『논어』―

될성부른 묘목도 잘 자라야 재목이 된다.

10月 20日

책 권

안으로 굽은 형상으로, '굽어 있다'는 뜻이다. 이로부터 '말다' '거둬들이다' 등의 뜻으로 쓰인다. 한편 먼 옛날에는 죽간에 글을 쓴 다음 이를 끈으로 엮어 둘둘 말아 보관했고, 이로부터 '문헌' '책' 등의 뜻이 파생되었다.

별권(別卷), 권말(卷末), 석권(席卷)

나라에 도가 있으면 나아가 벼슬을 하고
나라에 도가 없으면 스스로를 거둬들여 숨어도 된다.
─『논어』─

누구나 자기 삶으로 책을 쓸 수 있다.
많이 읽히는지는 중요하지 않다.

3月 11日

나무 목

뿌리가 아래로 뻗고 가지가 위로 뻗은 형상으로,
'나무'라는 뜻이다. 살아 있는 나무를 가리키는 데서
확장되어 원료로서의 나무를 뜻하기도 한다.

묘목(苗木), 수목(樹木), 목재(木材)

썩은 나무는 조각할 수 없다.
- 『논어』 -

나무는 헐벗은 채로 겨울을 살아 낸다.
그것이 나무가 겨울을 나는 방식이다.

10月 19日

나눌 별

칼로 고기를 자르는 형상으로, '나누다'는 뜻이다. 이로부터 파생되어
'쪼개다' '이별하다' '구별하다' 등의 뜻으로 쓰인다.

별책(別冊), 분별(分別), 특별시(特別市)

음악은 천지의 조화이고 예의는 천지의 질서이다.
조화롭기에 만물은 모두 융합되고 질서가 섰기에 만물이 구별된다.
― 『예기』 ―

**구별함은 서로의 차이를 확인하기 위함이지
상대를 차별하기 위함이 아니다.**

3月 12日

심을 식

관문 뒤에 박아서 관문의 잠금장치 용도로 사용하는 곧은 나무를 가리켰고, 여기에 '심다'는 뜻이 담겼다. 이로부터 파생되어 '옮겨 심다' '세우다'는 뜻으로 쓰이고, 초목을 총칭하기도 한다.

식목(植木), 식민지(植民地), 식물(植物)

파당을 심어 사사로운 이익을 도모함은
나라를 좀먹고 백성을 해치는 일이다.
― 고염무(顧炎武), 『일지록(日知錄)』―

나무를 심는 것은 우주와 대화를 나누는 일이다.

10月 18日

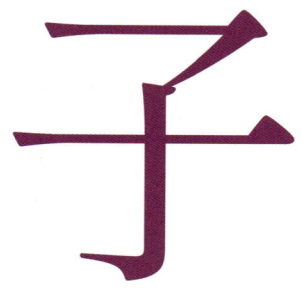

아들 자

갓 태어난 아이의 형상으로, '자녀'라는 뜻이다.
후에 주로 '아들'을 가리키는 한자로 쓰인다.
한편 명사 뒤에 아무런 뜻 없이 쓰이기도 한다.

책자(冊子), 자식(子息), 모자(帽子)

옛적 성왕에게는 태교의 방법이 있었으니, 아이를 임신한 지
3개월이 되면 남편은 내실에서 나와 집의 다른 방에 거처하였다.
– 안지추, 『안씨가훈』 –

자녀는 아이로서 살아가는 동시에
어른이 되며 살아간다.

3月 13日

움직일 동

동작을 취하는 모습에서 '움직이다'는 뜻으로 쓰이고,
이로부터 '행동하다' '살아 있다' '흔들리다' 등의 뜻으로
파생되어 쓰인다.

생동(生動), 거동(擧動), 동요(動搖)

헤아려 본 후에 말하고, 따져 본 다음에 행동한다.
―『역경』―

쏟아지는 빗발에도 굴하지 않는
봄꽃의 생기.

10月 17日

방 방

주택 중앙에 있는 방의 양 옆에 있는
방을 가리켜 '방'이라는 뜻으로 쓰인다.

책방(冊房), 신방(新房), 독방(獨房)

음력 11월에는 성문과 마을의 문을 잘 살피고 방도 잘 살피되
반드시 이중으로 닫아야 한다.
―『예기』―

방은 안식의 공간이자 단절의 공간이다.

3月 14日

살 활

물이 흐르는 소리를 나타낸 한자로, '살아가다' '살아 있다'는
뜻으로 쓰이며, 이로부터 '생기 있다' '생활하다'는 뜻으로도 쓰인다.

활동(活動), 생활(生活), 활성화(活性化)

천하가 안녕하기를 바란다면 백성의 생명을 생기 있게 하라.
—『장자』—

산다는 것은 역사의 밭에서
나를 경작해 가는 것.

10月 16日

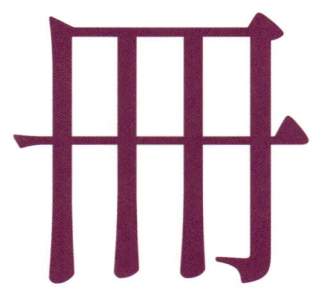

책 책

대나무를 쪼개 만든 죽간을 엮어 놓은 형상으로, '책'이라는 뜻이다.
고대에는 왕후나 태자로 봉한다는 내용을 죽간에 썼기에,
이로부터 '책봉하다'는 뜻으로 쓰인다.

서책(書冊), 책장(冊匠), 책봉(冊封)

선한 이와 악한 이는 역사책에 기록됨으로써
그 명예와 오명이 천년 후세에까지 유포된다.
— 이강(李康), 「운명에 대하여 논하다」 —

책이 벗인 삶은 튼실하고, 책이 짐인 삶은 빈약하다.

3月 15日

뿌릴 발

액체를 바깥으로 '뿌리다'는 뜻이고, 여기서 파생되어
'물이 새다' '가득하다' '활발하다' 등의 뜻으로도 쓰인다.

활발(活潑), 발랄(潑剌)

서풍이 눈앞에 가득하니 산은 그림 같고,
국화꽃 다 지니 한스러운 것 돈이 없음!
— 장가구(張可久), 「솔숲에 바람이 불어오다」 —

흩뿌려진 물방울,
그 안에도 무지개가 있다.

10月 15日

가게 점

팔 물건 등을 저장해 둔 건물을 가리키며,
'상점' '객점' 등의 뜻으로 파생되어 쓰인다.

서점(書店), 점포(店鋪)

그는 우리 점포에서 품행이 의외로 다른 사람들에 비해
매우 좋았고 돈도 제때에 갚았다.
— 루쉰, 「쿵이지(孔乙己)」 —

서점이 있는 삶터는 돌아갈 고향같이 푸근하다.

3月 16日

기운 기

공중에 떠 있는 구름을 가리키며, '기운' '기'라는 뜻으로 쓰인다.
또 '기상' '기체' '분위기'라는 뜻으로 파생되어 쓰인다.

생기(生氣), 기후(氣候), 어기(語氣)

같은 소리는 서로 응하고 같은 기운은 서로를 찾는다.
물이 흘러가면 습해지고 불이 번져 가면 건조해지며,
구름은 용을 쫓고 바람은 호랑이를 쫓는다.
─『역경』─

삶은 때로는 기세다.

10月 14日

객사 관

나그네가 묵는 '객사'라는 뜻이다.
또한 화려한 주택, 관서의 이름 등을 가리킨다.

도서관(圖書館), 박물관(博物館), 홍문관(弘文館)

무덕(武德) 4년에 수문관(修文館)이란 부서를 문하성(門下省) 산하에
두었다가 무덕 9년에 홍문관으로 바꿔 불렀다.
− 구양수, 『신당서』−

도서관은 땅으로 내려와 삶터에 깃든 우주다.

3月 17日

따뜻할 온

본래는 하천 이름이었지만 여기에 '따뜻하다'는 뜻이 부가되었다.
이로부터 '온화하다'는 뜻이 파생되었고, '온도'라는 뜻으로도 쓰인다.

온기(溫氣), 온화(溫和), 기온(氣溫)

무릇 자식 된 예는 겨울에는 따뜻하게 해 드리고
여름에는 청량하게 해 드리며, 저녁에는 잠자리를 봐 드리고
새벽에는 밤새 안녕을 살피는 것이다.
─『예기』─

한여름에도 온기를 함께 나누면 여전히 따뜻하다.

10月 13日

그림 도

'판도' 또는 '지도를 그리다'라는 뜻이다. 이로부터 '지도' '그림'
'그리다' 등의 뜻으로 쓰인다. 옛날에 계획을 세울 때 지도와 서책을
주로 참고하였기에 '꾀하다' '모의하다' 등의 뜻으로 파생되어 쓰인다.

도서(圖書), 도모(圖謀), 기도(企圖), 시도(試圖)

친한 벗이 위태롭고 어려움에 쫓긴다면 재물과 역량을 아껴서는 안 된다.
그러나 네가 근거 없이 계략을 모의하고 무리하게 부탁한다면
이는 내가 가르친 바가 아니다.
– 안지추, 『안씨가훈』 –

시도라고 적고 꿈을 향한 설렘이라고 읽는다.

3月 18日

따뜻할 난

'따뜻하다'는 뜻을 가리키며, 이로부터 '뜨겁다'는 뜻으로도 쓰인다.
또한 '부드럽다'는 뜻이 부가되었다.

온난(溫暖), 난방(暖房), 난류(暖流)

폭죽 소리 속 한 해가 저물고,
봄바람이 따뜻함을 보내오니 술상을 들인다.
— 왕안석(王安石), 「설」 —

난류는 한류를 만나 큰 어장을 이룬다.

10月 12日

곳집 고

수레를 보관하던 건축물을 가리키는 형상으로, '창고'라는 뜻이다.
후에는 수레뿐 아니라 곡식 등의 물품이나 자재 등을 보관하는
창고라는 뜻으로 쓰인다.

서고(書庫), 창고(倉庫)

섭공이 귀국해서는 바로 큰 창고의 재화를 풀어 민중에게 주었고,
높은 창고의 병기를 내어 백성에게 주었다. 그런 다음 백성들을 동원해
공격하게 하니 9일 만에 백공을 잡았다.
— 유안, 『회남자』 —

**창고에 가득한 곡식과 서고를 꽉 채운 책들,
예로부터 꼽아 온 태평성대의 두 토대!**

3月 19日

비 우

하늘에서 빗방울이 떨어지는 형상으로, '비'라는 뜻이다.
이로부터 '비 내리다'는 뜻으로도 쓰인다.
또 비유적으로 쓰여 '은택' '시련' 등을 뜻한다.

춘우(春雨), 풍우(風雨), 우택(雨澤)

반가운 비란 백성을 향한 것이다.
— 곡량적(穀梁赤), 『춘추곡량전(春秋穀梁傳)』 —

나는 누구에게 가뭄 뒤에 오는
반가운 비인 적이 있었을까?

10月 11日

재계할 재

고대 제의를 행하기 전에 금식하면서 스스로를
정결케 하는 활동을 가리키는 한자로, '깨끗케 하다'는 뜻이다.
후에 방이나 건물을 가리키는 뜻으로도 쓰인다.

서재(書齋), 목욕재계(沐浴齋戒)

안회가 말했다. "저의 집은 가난해서 술을 마시지 못하고
비린내 나는 것을 먹지 못한 지 몇 개월째입니다.
이와 같다면 정결하게 한 것인지요?"
—『장자』—

앎이 깊어지고 시간이 여무는 곳이면
어디든 다 서재다.

3月 20日

기쁠 희

**북을 치면서 노래를 부르는 형상으로, '기쁘다'는 뜻이다.
이로부터 파생되어 '좋아하다' '반갑다' '좋은 일' 등의 뜻도 지닌다.**

희우(喜雨), 희색(喜色), 희극(喜劇)

제가 듣기로 군주가 지식인을 좋아하면
지식인은 천리를 멀다 하지 않고 군주에게 이릅니다.
— 사마천(司馬遷), 『사기(史記)』 —

기쁨은 과도하지 않게,
슬픔은 몸 상하지 않게.

10月 10日

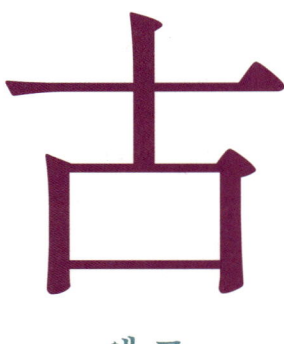

옛 고

**견고한 방패의 형상으로, 본의는 '견고하다'이다.
후에 '옛'이라는 뜻이 부가되었고, 이로부터 파생되어
'오래되다' '낡다' 등의 뜻으로도 쓰인다.**

고전(古典), 고대(古代), 법고창신(法古創新)

옛날의 배우는 자들은 반드시 스승이 있었으니 스승이라 함은
도를 전해 주고 학업을 전수하며 의혹을 줄어 주는 자이다.
− 한유,「스승에 대하여 논하다」−

내가 살아온 과거는
언제라도 나에게 되돌아온다.

3月 21日

기쁠 열

'기쁘다'는 뜻이며, 이로부터 파생되어
'좋아하다' '감복하다'는 뜻도 지닌다.

희열(喜悅), 열락(悅樂)

천리(天理)가 나의 마음을 기쁘게 함은
고기가 나의 입을 기쁘게 함과 같다.
―『맹자』―

고단한 삶 가운데서도 뜨겁게 기뻐하면 기쁘게 된다.

10月 9日

법 전

손으로 책을 받든 형상에서 '책'이라는 뜻으로 쓰인다.
책에는 천도와 사리, 규범 등이 담겼던 까닭에
'법'이라는 뜻이 부가되었다. 이로부터 파생되어 '제도' '의전'
'우아하다' 등의 뜻도 지닌다.

전적(典籍), 전례(典禮), 제전(祭典), 전아(典雅)

위대한 성인들이 법을 창제하였고 공자가 그 뜻을 풀어 주었다.
− 유협, 『문심조룡』 −

**법이 속박이 아니라 성숙의 발판일 때
나와 너, 우리는 더불어 성장한다.**

3月 22日

기쁠 환

'기쁘다'는 뜻으로, 이로부터 파생되어
'즐거움' '쾌락' 등의 뜻도 지닌다.

환희(歡喜), 환락(歡樂), 환호(歡呼)

세상이 기쁘고 기꺼우면 사람들은 넓은 덕을 품게 된다.
— 범엽(范曄), 『후한서(後漢書)』 —

환호성을 내지를 때는 그저 양껏 내지르자.

10月 8日

서적 적

고대 호구와 징세, 부역 등을 기록한 문서를 가리킨 데서
'책' '장부' 등의 뜻으로 쓰인다.

서적(書籍), 전적(典籍), 호적(戶籍)

한나라가 건립되자 진나라의 잘못을 고쳐
대대적으로 서적을 수집하였고 서책을 바치는 길을 넓혔다.
— 반고, 『한서』—

내 손에 책이 있어 나는 오늘도 씩씩하게 나아간다.

3月 23日

맞이할 영

만나는 형상으로, 이로부터 '맞이하다'는 뜻으로 쓰인다.
또한 '영접하다' '뜻이 맞다'는 뜻으로도 쓰인다.

환영(歡迎), 영접(迎接), 영합(迎合)

성인이라도 사려하지 않고 준비하지 않으면
미래도 맞이하지 못하고 과거도 보내 주지 못한다.
— 유안, 『회남자』 —

떠오르는 태양을 맞이하듯
지는 노을도 마주하기.

10月 7日

기록할 기

'기록하다'는 뜻으로, 이로부터 파생되어
'문서' '서적' '기억하다' 등의 뜻으로도 쓰인다.

기술(記述), 기억(記憶), 기호(記號)

옛적 군왕들은 대대로 사관을 두어 군왕의 행동을 반드시 기록하였다.
그래서 군왕은 언행을 삼갔고 규범을 밝히 드러낼 수 있었다. 사관 좌사는
군왕의 말을 기록하였고 사관 우사는 군왕이 행한 일을 기록하였다.
— 반고,『한서』—

기억은 과거에 머무르라고 있는 것이 아니라
현재를 개선하여 미래를 빚어 가라고 존재한다.

3月 24日

돌아올 환

'돌아서다' '돌아오다'는 뜻이며, 이로부터 파생되어
'반환하다' '회복하다' '빙 돌다'는 뜻을 지닌다.

환생(還生), 귀환(歸還), 반환(返還)

근본을 제거하면 본래 지니고 있던 바로 돌아올 수 없게 되어
깎이고 깎이다가 결국은 소멸된다.
— 위원(魏源), 『묵고(默觚)』 —

내일이 오늘처럼 돌아와도
내일은 또 하나의 새로운 시작이다.

10月 6日

지을 술

'따라가다' '좇아가다'는 뜻으로,
여기에 '짓다' '풀어 쓰다' 등의 뜻이 더해졌다.

저술(著述), 논술(論述), 술어(述語)

어려서는 겸손하지도 공손하지도 않고, 자라서는 지은 바가 없으며,
늙어서는 죽지도 않음을 일러 도적이라고 한다.
-『논어』-

나는 짓는다, 그래서 존재한다.

3月 25日

좇을 순

'순방향으로 가다'는 뜻이며, 이로부터 파생되어
'따르다' '순하다' '돌다'는 뜻으로도 쓰인다.

순환(循環), 인순(因循)

임무에 맞춰 관직을 수여하고 직분에 따라 실적을 따진다.
— 『한비자(韓非子)』 —

돌고 돈다는 관점에서 보면
세상에 순환하지 않는 것은 없고,
돌지 않는다는 관점에서 보면
세상에 반복되는 것이란 없다.

10月 5日

분명할 저

'분명하다'는 뜻으로, 이로부터 '분명하게 드러나다' '나타나다' 등의
뜻으로 쓰인다. 한편 글이나 책 등을 '쓰다'는 뜻으로도 쓰인다.

저자(著者), 저작(著作), 현저(顯著)

좋은 것과 나쁜 것이 분명하게 드러나 있으면
현명한 자와 못난 자가 확실하게 구별된다.
-『예기』-

**나무가 열매로 자신을 드러내듯이
실천으로 자신을 드러내는 삶은 강하다.**

3月 26日

돌아올 복, 다시 부

거처에서 나갔다가 돌아오는 행위를 뜻하며,
이로부터 '돌아오다'는 뜻으로 쓰인다.
또한 '회복하다' '왕복하다' '다시'라는 뜻으로도 쓰인다.

부생(復生), 부흥(復興), 복원(復元), 반복(反復)

죽은 이는 다시 살아나지 않는다.
— 공양고(公羊高), 『춘추공양전(春秋公羊傳)』 —

나아가지 않으면 돌아올 수도 없다.

10月 4日

것 자

동사나 형용사의 뒤에 붙어 그들을 명사화하는 기능으로 쓰인다.
전통적으로 '놈'이라고 새겼고 근자에는 '사람'이라고 새기지만,
그보다 '것' 정도로 새김이 한층 타당하다.

독자(讀者), 학자(學者), 후보자(候補者)

남을 아는 자는 지혜롭고 스스로를 아는 자는 현명하다.
−『노자』−

당신이 지금 하는 것이 당신을 강하게 만들어 준다.

3月 27日

예 구

본래 매의 형상을 본뜬 한자로, 여기에 '오래되다'는 뜻이 더해졌다.
이로부터 파생되어 '옛날' '옛것' '낡다'는 뜻으로도 쓰인다.

복구(復舊), 신구(新舊), 구악(舊惡)

고향을 떠나 임금을 섬겨 출세했을 때 우연히 옛 친구를 만났는데
옛 시절을 말하지 않는다면 나는 그런 이를 경멸한다.
―『순자』―

옛것은 새것의 요람이자 무덤이다.

10月 3日

읽을 독, 구두 두

책을 낭송하는 것을 가리키며, 이로부터 '읽다', 책의 내용을
'이해하다'는 뜻으로 쓰인다. 한편 '문장 부호'라는 뜻으로도 쓰이며
이때는 '두'라는 음으로 읽는다.

독서(讀書), 낭독(朗讀), 구두점(句讀點)

책을 읽다가 졸리면 송곳을 꺼내 허벅지를 찔렀는데
피가 발밑까지 흥건히 흘렀다.
―『전국책』―

삶은 글자이다.
읽어 주기를 기다리는 글자들의 끊임없는 연쇄이다.

3月 28日

경영할 영

사방에 보루를 쌓고 그 안에 거주한다는 뜻으로,
이로부터 '영역'이라는 뜻으로 쓰였다.
그런 공간을 다스린다는 뜻에서 '경영하다'는 뜻이 비롯되었다.

영생(營生), 군영(軍營), 영역(營域)

군영의 일을 바르게 집행하면
망령되고 간사한 무리가 끼어들 틈이 없다.
― 유안, 『회남자』―

살아지는 대로 살기 위해 삶을 영위하는 것은 아니다.

10月 2日

향기 향

곡식이 익었을 때 나는 냄새를 가리키며, 이로부터 맡기에 좋은 냄새, 곧 '향기'를 뜻한다. 또한 '향료'라는 뜻도 있으며, '맛좋다' '멋지다' 등의 뜻으로도 쓰인다.

서향(書香), 방향제(芳香劑), 향수(香水)

샘물을 받아 술을 빚으니 샘물은 향기롭고 술맛은 시원하다.
— 구양수, 「취옹정에서의 일을 적다」 —

**사람의 향기가 책에 담기면
천년 후에도 오늘처럼 풍겨난다.**

3月 29日

움직일 운

이동하는 형상을 뜻하며, 여기에 '움직이다'
'돌리다'는 뜻이 부여되었다. 이로부터 파생되어
'활동하다' '운용하다'는 뜻으로도 쓰인다.

운영(運營), 운동(運動), 운반(運搬), 운전(運轉)

천도(天道)는 운행됨에 적체되지 않기에 만물이 이루어진다.
― 『장자』 ―

숨 한 자락 쉬는 것, 물 한 모금 마시는 것,
밥 한 그릇 먹는 것, 이 모두는 삶을 움직이는 것.

10月 1日

쓸 서

**붓을 쥐고 있는 형상으로, 이로부터 '쓰다'는 뜻으로 쓰인다.
또한 '쓰다'와 연관이 깊은 '글' '문자' '문건' 등의 뜻으로도 쓰인다.**

서신(書信), 문서(文書), 서체(書體)

무릇 사람을 뽑는 법으로는 네 가지가 있다. 첫째는 身(몸 신)으로 신체가
훤칠하고 풍모가 좋은 것이다. 둘째는 言(말씀 언)로 언사가 조리 있고
바른 것이다. 셋째는 書(글 서)로 서체가 법도에 맞고 수려해야 한다.
넷째는 判(판단할 판)으로 판단이 합리적이고 우량해야 한다.
— 구양수, 『신당서』 —

**자기 쓰기는 진솔해야 한다.
진솔하지 않으면 성숙이란 없다.**

3月 30日

목숨 명

꿇어앉은 이에게 입을 열어 명령을 하는 형상으로,
이로부터 '부리다' '명하다'는 뜻으로 쓰인다.
하늘이 명한 것, 곧 '수명' '운명'이라는 뜻으로도 쓰인다.

생명(生命), 수명(壽命), 사명(使命), 천명(天命)

하늘이 명한 것을 성실함이라 이르고, 성실함을 따르는 것을 도라 이르며,
그 도를 닦는 것을 교훈이라 이른다.
─『중용(中庸)』─

운명은 있다, 없다 하다 보면
결국 운명에 얽매인다.

10月

독서와 단풍

書

3月 31日

낳을 산

'후손을 낳다'는 뜻으로, 이로부터 파생되어 물건 등을
'생산하다' '출생지' 내지 '산지'라는 뜻으로 쓰인다.

생산(生産), 산업(産業), 산물(産物)

지속 가능한 소득이 없음에도 일관된 마음을 지닐 수 있는 것은
지식을 연마한 자라야 가능하다.
-『맹자』-

새싹 하나 돋아 자연이 풍성해지듯,
생명 하나 태어나 우주가 풍성해진다.

9月 30日

구할 구

두 손에 막대기를 들고 있는 형상으로,
'건지다' '구하다'는 뜻으로 쓰인다. 이로부터 파생되어
'그치게 하다' '고치다' 등의 뜻으로도 쓰인다.

구제(救濟), 구원(救援), 구급(救急)

무릇 고칠 줄 모름에도 억지로 설득하는 것은
물에 빠진 이를 구한다면서 돌을 매달아 가라앉히는 것이고
병을 치유한다면서 독초 즙을 마시게 하는 것이다.
— 여불위, 『여씨춘추』 —

스스로를 구제할 줄 알아야 타인도
그의 바람대로 구제해 주게 된다.

4月

자연의 조화와 즐거움

和

9月 29日

벗 우

두 사람이 같은 방향으로 서 있는 형상으로, '벗'이라는 뜻이다.
이로부터 '우애' '우정' '교유하다' '도와주다' 등의 뜻으로도 쓰인다.

우애(友愛), 사우(師友), 막역지우(莫逆之友)

자신보다 못한 자와는 벗하지 말라.
―『논어』―

우정은 사적인 것만은 아니다.
공인의 우정은 공적이어야 한다.

4月 1日

화할 화

말로 호응하는 형상으로, '어우러지다'는 뜻이다. 이로부터 파생되어
'평화롭다' '협조하다' '온화하다' 등의 뜻으로도 쓰인다.

화평(和平), 공화(共和), 화기(和氣)

군자는 서로 어우러지지만 똑같아지지는 않고,
소인은 똑같아지지만 어우러지지는 못한다.
-『논어』-

서로 어우러짐은 따로 또 같이 함께함이다.

9月 28日

나무 이름 란/난

欒華(난화, 멀구슬나무)라고도 불리는 나무의 이름이나, 건물에서 기둥과 대들보 사이에 설치되어 하중을 받는 아치형의 구조물을 가리키는 한자로 쓰인다. 또한 '단란하다' 등의 뜻으로도 쓰인다.

단란(團欒)

천자의 봉분은 높이가 21척이고 소나무를 심는다. ……
대부의 봉분은 8척이고 멀구슬나무를 심는다.
— 반고, 『백호통』 —

**따로 또 같이해도 불편하지 않음이
오래 지속되는 단란함이다.**

4月 2日

조화로울 조

'조화롭다' '적합하다'는 뜻으로, 이로부터 파생되어
'고르게 하다' '조정하다' '협조하다' 등의 뜻으로도 쓰인다.

조화(調和), 조정(調整), 격조(格調)

안에 있을 때면 도에 합당해야 하고,
밖으로 나가면 의로움에 적합해야 한다.
— 유안, 『회남자』 —

합창은 저마다 내는 소리가 조화로워야 하지만,
떼창은 저마다 마음껏 내질러도 된다.

9月 27日

둥글 단

동그라미 형태를 가리키는 한자로, '둥글다'는 뜻이다.
이로부터 파생되어 '단합하다' '모이다' 등의 뜻으로도 쓰인다.
또한 '둥근 형태로 만든 식품' '군사 편제 단위' 등을 가리킨다.

단결(團結), 단배식(團拜式), 사단(師團)

마름질하여 합환선 부채를 만드니
둥글둥글한 것이 마치 밝은 달과 같구나.
— 반첩여(班婕妤), 「원망하는 노래」 —

모나면 정 맞기 십상이고
둥글면 뒤통수 맞기 십상이다.

4月 3日

법 률/율

법을 제정하여 민간에 공포함을 가리킨 데서 비롯되어 '법'이라는
뜻으로 쓰인다. 또한 이로부터 파생되어 음률(音律)이나 시율(詩律)
같은 '정해진 격식'을 가리키고, '법으로 삼다'라는 뜻도 지닌다.

조율(調律), 율법(律法), 격률(格律)

공자는 위로는 하늘의 때를 법으로 삼았고
아래로는 하천과 뭍의 이치를 따랐다.
— 『예기』—

법을 좋아하는 사람은 드물지라도
법을 이용하는 사람은 적지 않다.

9月 26日

잇닿을 련/연

사람이 수레를 밀고 가는 모습으로, 수레와 사람이 연결되었다는 점에서 '잇닿다'라는 뜻으로 쓰인다. 또한 '연속하다' '연루되다' 등의 뜻으로도 쓰인다.

연결(連結), 연리지(連理枝), 연루(連累)

백성들이 서로 잇닿아 쫓아와
마침내 기산 아래서 나라를 이루었다.
—『장자』—

나는 나와 연결된 모든 관계의 총합이다.

4月 4日

소리 음

말을 뜻하는 言(말씀 언)에 입을 뜻하는 口(입 구)를 겹친 형상으로,
입으로부터 나오는 소리를 가리킨다. 여기서 파생되어
'노래' '음악' '발음' '독음' 등의 뜻으로 쓰인다.

음률(音律), 화음(和音), 음성(音聲)

잘 다스려지는 세상의 노래는 편안하고 즐거우며 그 정치도 조화롭다.
혼란한 세상의 노래는 원망하고 분노하며 그 정치도 어그러져 있다.
멸망한 나라의 노래는 애절하고 사무치게 그리워하며
그 백성은 빈곤에 처해 있다.
— 정현(鄭玄), 『모시정전(毛詩鄭箋)』 —

노래는 가사를 몰라도 즐길 수 있다.
때로는 말보다 음악이 더 위안이 되는 까닭이다.

9月 25日

띠 대

장식물이 주렁주렁 달린 허리띠의 모습으로, '띠'라는 뜻이다.
이로부터 '묶다' '차다', 어떤 성분 등을 '띠다' '인솔하다' 등의 뜻과
긴 형상을 가리켜 '뱀' '지대' 등의 뜻도 지닌다.

연대(連帶), 대동(帶同), 열대(熱帶)

허리띠를 두르고 조정에 서야
외교 사절을 맞이하여 말하게 할 수 있다.
-『논어』-

몸에 보석을 차고 다닌다고 하여
마음에도 보석을 찬 것은 아니다.

4月 5日

울릴 향

'되돌아오는 소리'라는 뜻에서 비롯되어 '울리다' '울림'이라는 뜻으로 쓰인다. 이로부터 파생되어 '악곡의 소리' '반향' 등의 뜻도 지닌다.

음향(音響), 반향(反響), 향연(饗宴)

악기가 적합하니 음향이 빼어나고,
조율이 적당하니 소리가 맑다.
— 혜강, 「거문고를 노래하다」—

햇빛에 가득한 윤슬 같은,
여백을 꽉 채우는 울림 같은 삶을 꿈꾼다.

9月 24日

해 세

세월이 흐름을 가리키는 형상으로, '해' '세월'이라는 뜻을 지닌다.
이로부터 '매년' 등의 뜻이 파생되었고,
나이를 나타내는 단위와 '목성'을 가리키기도 한다.

부세(富歲), 세입(歲入), 세성(歲星)

시간이 쌓이면 하루가 되고 하루가 쌓이면 달이 되며,
달이 이어지면 계절이 되고, 계절을 이어 가면 해가 된다.
— 왕충, 『논형』 —

나이는 숫자에 불과하기도 하지만
삶의 든든한 자산이기도 하다.

4月 6日

사귈 교

사람의 두 다리가 서로 얽힌 형상에서 비롯되어
'교차하다'는 뜻으로 쓰인다. 이로부터 파생되어
'사귀다' '나누다' '번갈아하다' 등의 뜻으로도 쓰인다.

교향(交響), 교대(交代), 관포지교(管鮑之交)

하늘과 땅이 교유하며 상통하니 만물이 형통하다.
―『역경』―

사귐이란 나의 마음 씀을
상대와 공유하는 것.

9月 23日

넉넉할 섬

'공급하다'는 뜻이다. 이로부터 파생되어 '넉넉하다'는 뜻으로 쓰인다.
또한 '충족되다' '가득하다' 등의 뜻도 지닌다.

부섬(富贍), 요섬(饒贍)

힘으로 사람을 복종시킴은 마음으로 복종함이 아니니
힘으로는 충분하지 못함이다. 덕으로 사람을 복종시키면
마음이 기뻐해서 진심으로 복종하게 된다.
—『맹자』—

자신을 잘 아는 것은 마음의 넉넉한 양식이다.

4月 7日

느낄 감

사람의 마음을 감동케하는 형상으로, '느끼다'는 뜻이다. 이로부터 파생되어 '감격하다' '감사하다' 등의 뜻으로도 쓰인다.

교감(交感), 감화(感化), 감개(感慨)

하늘과 땅이 감응하여 만물이 태어나고,
성인이 인심을 감화하여 천하가 화평해진다.
─『역경』─

내가 느낄 수 있는 만큼이 내 우주의 크기다.

9月 22日

부유할 부

집을 가리키는 宀(집 면)과 술을 담는 그릇을 가리키는 畐(가득할 복)이 합쳐진 한자로, 집에 술이 있음을 뜻한다. 술은 곡식이 여유가 있어야 빚을 수 있으므로 '부유하다' '부귀하다' '재물' 등의 뜻으로도 쓰인다.

풍부(豐富), 부국강병(富國强兵), 빈부(貧富)

제자 자공이 말했다. "가난하지만 아첨하지 않은 것과 부유하지만 교만하지 않은 것은 어떻습니까?" 공자가 답했다. "괜찮다. 다만 가난하지만 도를 즐기고, 부유하지만 예를 좋아함만 못하다."
— 『논어』 —

세상이 공정하지 못한데 부자이면 부끄러우며 가난해도 부끄럽지 않다. 세상이 공정하면 부자여도 부끄럽지 아니하고 가난하면 부끄럽다.

4月 8日

응할 응

'마땅하다'는 뜻이며,
그 외로 '응하다' '대처하다' 등의 뜻을 지닌다.

감응(感應), 응당(應當), 대응(大應)

나와 같으면 호응하고 나와 다르면 척진다.
— 『장자』 —

오늘도 헤아려 본다.
오늘 하루 나에게 호응해 준
사물들을, 동물들을, 식물들을, 또 사람들을.

9月 21日

넉넉할 요

배부름을 나타내는 한자로, '넉넉하다'는 뜻이다.
'넉넉하다'로부터 파생되어 '풍요롭다' '충족되다'
'비옥하다' '용서하다' 등의 뜻이 있다.

풍요(豐饒), 부요(富饒)

무릇 산과 못이 넓고 크면 초목이 많이 자라기가 쉽고,
토양이 비옥하면 뽕과 마가 번식하기가 쉬우며,
풀이 많이 자라 있으면 가축이 번식하기가 쉽다.
―『관자』―

깨어 있음은 오늘의 풍요를
내일의 풍요로 이어 주는 다리다.

4月 9日

부를 호

숨을 내쉬는 형상에서 비롯되어 '호흡하다' '부르다'라는 뜻으로
쓰인다. 또한 '호명하다' '호소하다' 등의 뜻으로도 쓰인다.

호응(呼應), 호흡(呼吸), 호소(呼訴)

사람은 몰리게 되면 자신의 뿌리로 되돌아간다.
하여 심히 고되고 피로하면 하늘에 호소하고,
몹시 아프고 참담하면 부모에게 호소한다.
— 사마천, 『사기』 —

바람 부는 방향으로 말하면
크게 소리 내지 않아도 잘 들린다.

9月 20日

풍성할 풍

본래 형태는 豐(풍년 풍)으로, 북소리가 우렁차게 울리는 모습이다.
이로부터 파생되어 '가득하다' '풍성하다'는 뜻으로 쓰인다.
또한 '넉넉하다' '무성하다' '확장하다' 등의 뜻으로도 쓰인다.

풍성(豊盛), 풍만(豐滿), 풍부(豊富)

의로움은 이로움을 낳고 이로움은 백성을 풍성하게 한다.
― 좌구명,『국어』―

내면의 풍성함은 내 뜻대로 빚어 갈 수 있지만
외부에 쌓아 두는 풍성함은 내 뜻대로만 할 수는 없다.

4月 10日

합할 합

그릇의 몸체에 뚜껑이 덮여 있는 형상으로, '합치다' '모이다'는 뜻이다. 이로부터 파생되어 '닫다'는 뜻으로도 쓰이고, '합치다' '모이다'에서 파생되어 '적합하다' '일치하다' 등의 뜻도 지닌다.

화합(和合), 합치(合致), 부합(附合)

이익에 부합되면 공격하고, 이익에 부합되지 않으면 머무른다.
-『손자병법』-

천둥과 번개는 합해졌을 때 한층 강해진다.

9月 19日

반찬 찬

먹을거리를 차려 놓은 형상으로, '반찬'이라는 뜻이다.
'요리' '먹다' 등의 뜻으로도 쓰인다.

진수성찬(珍羞盛饌), 찬구(饌具), 찬합(饌盒)

귀한 음악과 음식이라도 귀할 바 못 되나니
다만 원하건대 길게 취하여 다시 깨어나지 않기를!
— 이백, 「술 권하며」 —

하루 세 끼가 모두 성찬이면
더는 성찬이 아니게 된다.

4月 11日

같을 동

원통형의 그릇 형상에서 비롯되어 '한 통에 넣다'
'한 가지로 하다'는 뜻으로 쓰이며, 이로부터 파생되어
'같게 하다' '같다' '함께하다' 등의 뜻을 지닌다.

합동(合同), 동참(同參), 부화뇌동(附和雷同)

군주가 현명해도 알지 못한다면 현명하지 않은 것과 같고,
알아도 등용하지 못한다면 모르는 것과 같으며, 등용했어도
믿지 못한다면 등용하지 않은 것과 같다.
— 사마광(司馬光), 「공명(功名)에 대하여 논하다」 —

함께한다고 함은 울고 있을 때
그 곁에 그저 가만히 함께 있는 것이다.

9月 18日

곳집 창

곡식을 보관하는 건축물을 가리키는 형상으로, '곳집'이라는 뜻이다.
또한 '별안간' '슬프다' 등의 뜻으로도 쓰인다.

창고(倉庫), 창졸간(倉卒間)

창고에 곡식이 차 있어야 예절을 따지게 되고,
의식이 풍족해야 영욕을 따지게 된다.
― 『관자』 ―

그대가 내 삶의 창고라는 고백은
내 삶을 살찌우는 다짐이다.

4月 12日

함께할 공

두 사람이 마주 보고 서서 두 손으로 물건을 함께 드는 형상에서
비롯되어 '공손하다' '공경하다'는 뜻으로 쓰인다.
이후 恭(공손할 공)이 '공손하다' '공경하다'는 뜻을 담당하게 되자
주로 '함께하다' '함께' 등의 뜻으로 쓰인다.

공동(共同), 공유(共有), 공감(共感)

수레와 말, 옷과 가벼운 갖옷을 벗과 함께 쓰다가 낡게 되어도
유감이 없게 되기를 늘 바랍니다.
— 『논어』 —

북극성은 모든 별이 함께하는 중심,
북극성을 지향하는 삶은 그래서 값지다.

9月 17日

穀

곡식 곡

양식이 되는 작물을 가리키는 한자로, '곡식'이라는 뜻이다. 여기에서 '기르다' 등의 뜻이 파생되었고, 고대에는 곡식으로 봉급을 주었기 때문에 '봉급' '녹봉' 등의 뜻으로도 쓰인다.

곡창(穀倉), 곡식(穀食), 곡우(穀雨)

농사짓는 시기를 어기지 않으면 곡식은 이루 다 먹을 수 없게 된다.
─『맹자』─

알곡에는 땅에 묻히고 썩어질 숙명과 수십 배의 알곡으로 다시 태어날 희망이 다 들어 있다.

4月 13日

울 명

새가 '지저귀다' '울다'는 뜻으로,
이로부터 다른 동물이나 사람 등이 '울다'
사물이 '소리 내다' 등의 뜻으로 쓰인다.

공명(共鳴), 이명(耳鳴), 자명고(自鳴鼓)

군자는 종과 같아서 누군가가 치면 울리지만
치지 않으면 울리지 않는다.
— 『묵자』 —

함께 울 수 있는 만큼이 내 마음의 크기다.

9月 16日

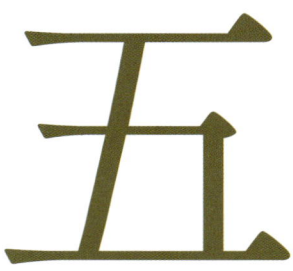

다섯 오

하늘과 땅이 교차하는 형상이다. 후에 이 형상이 숫자 5를 가리키던 다른 글자를 대체하면서 '다섯'이라는 뜻으로 쓰인다. 또한 '다섯 번째' '다섯 배' '여러 차례' 등의 뜻으로도 쓰인다.

오곡(五穀), 오행(五行), 삼강오륜(三綱五倫)

전투를 하는 법으로는 적군의 열 배이면 포위 공격하고,
다섯 배이면 정면으로 공격하며, 두 배이면 적군을 분산시켜 공격한다.
―『손자병법』―

**똑같은 무지개를 두고 서양에서는 일곱 빛깔이라고 하고
동양에서는 다섯 빛깔이라고 한다.**

4月 14日

평평할 평

내뿜은 입김이 일직선으로 뻗는 모양에서 비롯되어 '평평하다'
'평탄하다'는 뜻으로 쓰인다. 이로부터 파생되어 '평평하게 하다'
'다스리다' '평안하다' '평화롭다' 등의 뜻을 지닌다.

화평(和平), 평야(平野), 평정(平定)

땅이 평평하면 물은 흐르지 않고,
무게가 같으면 저울은 기울지 않는다.
— 유안, 『회남자』 —

평화로운 삶은 희망이 아니라 일상이어야 한다.

9月 15日

벼 벨 확

다 자란 벼를 베는 형상으로, '벼 베다'는 뜻이다.
이로부터 벼뿐 아니라 다른 것도 '베다'는 뜻으로도 쓰인다.

수확(收穫), 추확(秋穫)

전쟁은 봄에는 백성들이 밭 갈고 씨 뿌리는 것을 못하게 하고,
가을에는 백성들이 곡식 수확하는 것을 못하게 한다.
—『묵자』—

수확은 소산뿐 아니라 과정을 거둬들이는 것이다.

4月 15日

평온할 온

곡식을 모으는 형상으로, 여기에 '평온하다'는 뜻이 더해졌다.
이로부터 파생되어 '안락하다' '타당하다' 등의 뜻으로도 쓰인다.

평온(平穩), 온건(穩健), 온당(穩當)

법을 제정하는 사람은 먼저 경험하고 연마해야 한다.
하늘과 사람의 성정을 통찰해야 하고 각국의 풍속과 교화에
밝아야 한다. 크고 작음, 위와 아래, 근원과 말류, 무거움과 가벼움 등을
마음으로 환하게 이해한 다음에 이를 미루어 법을 만들어야
비로소 사람들의 실정에 타당하게 된다.

— 홍인간(洪仁玕), 『자정신편(資政新篇)』 —

늘 평온한 삶은 평온하지 않은 삶이다.

9月 14日

거둘 수

무언가를 잡아들이는 형상으로, '거두다'는 뜻이다. 이로부터
파생되어 '수확하다' '수용하다' '마무리하다' 등의 뜻으로도 쓰인다.

추수(秋收), 수용(收容), 징수(徵收)

어질고 좋은 이를 가려 뽑고 독실하고 성실한 이를 등용하며
효성스럽고 공경한 자를 흥하게 하고 고아와 과부를
거두어 보살피며 가난하고 어려운 이를 도와준다.
이렇게 하면 백성들이 정치를 편안하게 여길 것이다.
-『순자』-

소유해야 거두는 것이 아니다.
베풂도, 나눔도 거두는 것이다.

4月 16日

편안할 안

여성이 집안에서 편히 앉아 있는 모습을 본뜬 한자로,
'편안하다'는 뜻이다. 이로부터 비롯되어
'안락하다' '안정되다' 등의 뜻을 지닌다.

안온(安穩), 안락(安樂), 안전(安全)

무릇 사람들은 옛것 고치기를 어려워하고
백성이 편안해하는 바를 바꾸기를 꺼려한다.
―『한비자』―

편안함은 나태를 품은 안락함이다.

9月 13日

가을 추

본래 귀뚜라미의 형상이었으나, 후에 禾(벼 화)를 포함한 한자로 대체되면서 곡식이 익는 계절인 '가을'이라는 뜻으로 쓰인다. 한편 봄을 뜻하는 春(봄 춘)과 합쳐져 '나이' '역사' 등의 뜻으로도 쓰인다.

중추절(仲秋節), 추풍(秋風), 춘추(春秋)

공자가 말했다. "하늘이 무슨 말을 하던가? 봄, 여름, 가을, 겨울이 순환하고 만물이 태어나지만 하늘이 무슨 말을 하던가?"
―『논어』―

가을은 꼭꼭 씹을수록 깊어진다.

4月 17日

음악 악, 즐거워할 락/낙, 좋아할 요

나무에 매달아 놓은 현악기의 형상을 본뜬 한자로,
'음악'이라는 뜻이다. 이로부터 파생되어
'즐거워하다' '즐기다' '좋아하다' 등의 뜻을 지닌다.

안락(安樂), 낙토(樂土), 악곡(樂曲), 요산(樂山)

지혜로운 이는 물을 좋아하고 어진 이는 산을 좋아한다.
지혜로운 이는 동적이고 어진 이는 정적이다.
- 『논어』 -

아는 것보다 좋아하는 것이 낫고,
좋아하는 것보다 즐기는 것이 낫다.

9月 12日

달 월

반달의 형상으로, '달'이라는 뜻이다.
이로부터 '달빛' '다달이' 등의 뜻으로도 쓰인다.

만월(滿月), 월식(月蝕), 일취월장(日就月將)

하늘 높고 말간 달빛 강물에 녹아든다. 강 넓고 바람 산들,
수면엔 서늘함이 감돌고. 강물은 하늘 함께 어우러져 한 빛인데,
하늘엔 맑은 빛 가로막는 구름 한 점 없고.
– 구양수, 「달」 –

**삶이 살 만한 이유는 때가 되면
해가 지고 달이 뜨기 때문이다.**

4月 18日

편안할 강

악기에서 나는 소리로 인해 화락한 것을 가리키는 형상으로,
이로부터 '편안하다'는 뜻으로 쓰인다.
또한 '안녕하다' '건강하다' '풍족하다' 등의 뜻을 지닌다.

강락(康樂), 소강(小康), 평강(平康)

오복은, 첫째는 장수이고, 둘째는 부유함이며, 셋째는 건강함이고
넷째는 덕 쌓음을 좋아함이며, 다섯째는 천명대로 삶이다.
―『서경』―

신체의 건강은 마음 건강의 시작이고,
마음의 건강은 신체 건강의 완성이다.

9月 11日

둥글 원

원형을 가리키는 한자로, '둥글다'는 뜻이다. 이로부터 파생되어
'온전하다' '공' '괜찮다' 등의 뜻으로도 쓰인다.

원만(圓滿), 원탁(圓卓), 대단원(大團圓)

공자는 성품이 모나게 행할 수는 있었어도
원만하게 행할 수는 없었다.
― 환관,『염철론』―

그런 대로 괜찮으면 실제로도 괜찮은 것이다.

4月 19日

편안할 녕/영

가족이 집에 모여 그릇을 놓고 함께 먹는 형상으로부터 비롯되어
'편안하다'는 뜻으로 쓰인다. 훗날 '차라리~하다'는 뜻이 부가되었다.

강녕(康寧), 정녕(丁寧), 안녕(安寧)

재야의 현자가 모두 등용되니 온 나라가 두루 강녕하다.
―『서경』―

삶의 모든 순간이 다 편안할 수는 없다.
편안하지 못한 때가 있기에 편안한 때도 있는 것이다.

9月 10日

찰 충

'풍족하다' '가득 차다'는 뜻이다. 이로부터 파생되어
'번성하다' '보태다' '충당하다' 등의 뜻으로도 쓰인다.

충만(充滿), 보충(補充), 충실(充實)

무릇 인의예지의 단서가 자신에게 갖춰진 자는
불이 처음에 확 타오르듯이, 샘이 처음에 콸콸 솟구치듯이
그 단서를 넓히고 채워 갈 줄 안다.
— 『맹자』 —

세상은 본래 곧고 바른 이를 싫어하는 이들로 가득한 법,
그리하여 무도한 자들이 권력을 잡아 옳은 이들이
늘 다치기 마련이다.

4月 20日

가운데 중

긴 장대 위아래로 바람에 부대끼는 것을 매달아 세워 풍향을
측정하던 기구의 형상이다. 그 장대 가운데 동그라미를 그려
가운데를 나타내는 뜻으로 썼고, 이로부터 사물이나 시간,
장소 등의 '속' '안' '중간' 등의 뜻을 지니게 되었다.

중화(中和), 중용(中庸), 중심(中心)

일을 처리함에 중심을 잃은 것을 두고 간사한 일이라고 하고,
학설을 따져 봄에 중심을 잃은 것을 두고 간사한 도라고 한다.
―『순자』―

내 삶의 중심은 여러 개여도 좋다.
때로는 여러 개일수록 더욱 좋다.

9月 9日

넓힐 확

손을 뜻하는 扌(手, 손 수)와 넓다는 뜻의 廣(넓을 광)이 합쳐진 한자로
'넓히다'는 뜻이다. 이로부터 '넓다'는 뜻으로도 쓰인다.

확충(擴充), 확산(擴散), 확장(擴張)

음악은 음양의 질서를 어지럽게 할 수도 있고 조화롭게 할 수도 있으니
군주는 무엇에 기대어 심신을 닦고 행실을 바르게 하며
선정을 널리 베풀어야 하는 것일까?
− 왕충, 『논형』 −

삶은 결국 경쟁이란 생각은 착각에 불과하다.

4月 21日

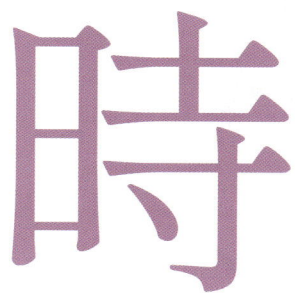

때 시

시간이 흐름을 표현한 형상인 까닭에 '때' '시간'의 뜻을 지녔다.
또한 이로부터 파생되어 '계절' '때때로' '제때에' 등의 뜻으로 쓰인다.

시중(時中), 시절(時節), 사시(四時)

군자의 중용은 군자다우면서
그때그때에 가장 알맞게 행함이다.
— 『중용』 —

때에 맞게 내려 만물을 윤택하게 하는
비와 같은 삶을 꿈꿔 본다.

9月 8日

갖출 구

음식을 담은 세발솥 모양의 그릇을 제사나 손님 접대를 위해
두 손으로 받쳐 든 형상으로, '갖추다'는 뜻이다.
이로부터 '준비하다' '충당하다' '용구'라는 뜻으로도 쓰인다.

구비(具備), 구체적(具體的), 문구(文具)

선한 이를 선하다고 하고 악한 이를 악하다고 하며,
어지러운 세상을 바로잡아 바름으로 되돌리는 것으로
『춘추』만한 경전이 없다. 이 경전에는 마침 사람의 도리와
군주의 도리가 모두 갖추어져 있다.
— 왕충, 『논형』—

밤의 어둠이든, 무지의 어둠이든, 혼란의 어둠이든,
빛은 가리지 않고 항상 어둠을 거둬 낸다.

4月 22日

마땅할 의

제사상에 제물로 바친 고기가 놓인 형상에서 비롯되어
'좋은 음식'이라는 뜻을 지닌다. 또한 '제사 지내기에 적당하다'
'사람이 먹기에 적당하다'는 뜻도 있어 이로부터 '마땅하다'는 뜻으로
쓰인다. '당연하다' '정당한 이치' 등의 뜻으로도 파생되어 쓰인다.

시의(時宜), 의당(宜當), 편의(便宜)

낚시에 비유하자면 물고기에는 큰 것과 작은 것이 있으니
미끼도 각각에 적합한 것이 있게 마련이다.
— 여불위,『여씨춘추』—

누구에게나 항상 마땅한 것이란
세상 그 어디에도 없다.

9月 7日

감출 장

'감추다'는 뜻이며, 이로부터 '저장하다' '보관하다'
'곳집' 등의 뜻으로도 쓰인다.

저장(貯藏), 장서(藏書), 대장경(大藏經)

농부는 봄에 밭 갈고 여름에 김매며
가을에 수확하고 겨울에 보관한다.
―『묵자』―

실패는 그냥 흘려보내는 것, 기억할 것은 그 교훈뿐!

4月 23日

解

풀 해

두 사람이 마주 보고 소를 해체하는 형상에서 비롯되어
'나누다'는 뜻으로 쓰인다. 문제 등을 '풀다'는 뜻을 지니며,
'나누다'에서 파생되어 '헤어지다'는 뜻으로,
'풀다'에서 파생되어 '해결하다' 등의 뜻을 지닌다.

화해(和解), 해체(解體), 해결(解決)

진실로 예와 의로움, 충직함, 신실함, 정성됨, 성실함의 마음으로
임하지 않으면 설령 굳세게 묶여 있을지라도
백성들은 나뉘지 않던가!
ㅡ『예기』ㅡ

매듭은 찬찬히 풀 수도 있고 단칼에 자를 수도 있다.
중요한 것은 타이밍이다.

9月 6日

쌓을 저

화폐로 쓰이던 조개껍질을 상자에 담아 둔 형상으로, '쌓다'는 뜻이다.
이로부터 파생되어 '갈무리해 두다' 등의 뜻으로 쓰이고,
'우두커니 서다' 등의 뜻이 부가되었다.

저축(貯蓄), 저립(貯立)

그래서 은행가들은 저축만이 나라를 구한다고 말하고
글을 팔아먹는 이들은 문학만이 나라를 구한다고 말한다.
그림을 그리는 이들은 예술만이 나라를 구한다고 말하고,
춤추기를 좋아하는 이들은 오락만이 나라를 구한다고 말한다.
— 루쉰, 「항공이 나라를 구한다는 세 가지 바람」 —

꿈을 향한 간절함을 쌓았다면
때로는 마냥 쉬어도 된다.

4月 24日

믿을 량/양

'믿다' '신실하다'는 뜻이며, 이로부터 파생되어
'참되다' '고집스럽다' 등의 뜻으로 쓰인다.
또한 '살피다' '헤아리다'는 뜻도 지닌다.

양해(諒解), 원량(原諒)

군자는 올곧되 고집스럽지 아니한다.
— 『논어』 —

양해는 내가 주고, 또 내가 받아
마음에 쌓는 선물이다.

9月 5日

쌓을 축

'쌓다' '모아 두다'는 뜻이고, 여기에 '기르다' '품고 있다' 등의
뜻이 부가되어 쓰인다.

축적(蓄積), 축전지(蓄電池), 함축(含蓄)

재화를 넘치게 많이 모아 두면 원한이 매우 두텁게 쌓인다.
― 좌구명, 『국어』―

그 사람을 알고 싶으면 그가 평소에
무엇을 모아 두는지를 살펴라.

4月 25日

친할 친

직접 눈으로 보는 형상이다. 직접 보려면 그 대상과 가까워야 하기에
이로부터 '직접' '친하다'는 뜻을 지닌다. 또한 '친하다'에서 파생되어
'서로 아끼다' '사랑하다' 등의 뜻으로도 쓰인다.

화친(和親), 친척(親戚), 친밀(親密)

남녀는 직접 손을 대고 주고받지 않음이 예이다.
그러나 형수가 물에 빠졌을 때 손으로 끌어당김은 임기응변이다.
—『맹자』—

친절은 베풂보다는 함께함이다.

9月 4日

쌓을 적

곡물을 쌓아 둔 형상으로, '쌓다'는 뜻이다.
이로부터 파생되어 '많다' '막히다' 등의 뜻으로도 쓰인다.

실적(實績), 적체(積滯), 적극적(積極的)

천도는 운행함에 막힘이 없기에
만물을 이루어 줄 수 있다.
—『장자』—

도망쳐야 할 때는 적극적으로 도망쳐야 한다.

4月 26日

자를 절

칼로 '베어 내다' '자르다'는 뜻으로,
이로부터 '갈다'는 뜻이 파생되었고, '접촉하다'
'가깝다' '간절하다' 등의 뜻도 지닌다.

친절(親切), 절친(切親), 절실(切實)

빛나는 저 군자, 행실을 깎아 내듯 하고 갈아 내듯 하며,
다듬듯이 하고 연마하듯 한다.
— 『시경(詩經)』 —

사막에서 오아시스를 찾는
그 절실한 마음을 품어 본다.

9月 3日

굳을 견

'굳세다' '딱딱하다'는 뜻이다. 이로부터 '견고하다' '완강하다'
'충실하다' 등의 뜻으로도 파생되어 쓰인다.

견실(堅實), 견결(堅決), 견지(堅持)

이에 견고한 갑옷과 날카로운 무기를 만들어
죄가 없는 나라를 마구 침략한다.
―『묵자』―

꿈을 포기하지 않는다는 것은
나의 굳셈을 입증해 주는 증거이다.

4月 27日

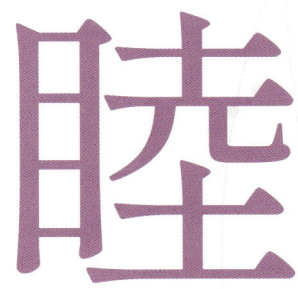

화목할 목

'화목하다' '잘 지내다'는 뜻이고, 이로부터 파생되어
'순종하다' '조화롭다' 등의 뜻으로도 쓰인다.

화목(和睦), 친목(親睦)

온 족속이 이미 화목하니
백성을 분별케 하여 빛나게 한다.
— 『서경』 —

화목은 혼돈의 세상을 살아 내는 훈훈한 힘이다.

9月 2日

열매 과

나무에 열려 있는 과실의 모습으로, '열매'라는 뜻이다.
이로부터 '결실하다' '결과' '과연' '과감하다' 등의 뜻으로도 쓰인다.

과실(果實), 과연(果然), 과단성(果斷性)

나무의 열매는 그 자체로 진기한 것이다.
―『주례(周禮)』―

**열매는 씨앗을 품었기에
자신을 먹음직스럽게 단장할 수 있다.**

4月 28日

사람 인

사람이 손을 늘어뜨린 측면의 모습을 본뜬 것으로,
'사람'이라는 뜻이다. 이로부터 파생되어
'타인' '인재' '백성' '사람다움' 등의 뜻으로도 쓰인다.

인화(人和), 인재(人才), 성인(成人)

사람이 잘할 수 있는 바는 만물을 다스리는 것이다.
— 유우석(劉禹錫), 「하늘을 논하다」 —

본능만이 삶의 동력이 아니기에 사람이다.

9月 1日

열매 실

집안에 화폐 대용으로 쓰였던 조개껍질 꾸러미가 많은 모습으로,
'풍족하다' '부유하다'는 뜻이다. 이로부터 '속이 차다' '열매' 등의
뜻으로 쓰이고, '속이 차다'는 뜻으로부터
'충실하다' '실질' '진실' 등의 뜻으로 파생되어 쓰인다.

결실(結實), 성실(誠實), 실사구시(實事求是)

군자는 어짊을 존중하고 의로움을 경외하며 비용을 씀에
실질을 가벼이 여김을 부끄러워한다.
—『예기』—

열매는 과거의 결실이고 현재의 풍요이며
미래의 씨앗이다.

4月 29日

화할 해

말이나 음악이 조화로운 것을 가리키는 형상에서 비롯되어
'화합하다' '협조하다'는 뜻을 지닌다.
후에 '웃기다'는 뜻이 부가되었다.

화해(和諧), 해로(諧老), 해학(諧謔)

여덟 가지 기본음이 조화를 이루어 서로 질서를 빼앗지 않는다면
하늘과 사람이 조화롭게 된다.
―『서경』―

서로 다르기에 화합은 멋지고 값지다.

9月

수확과 감사

實

4月 30日

소리 성

본래 손에 곤봉을 들고 돌로 종의 모양으로 만들어 매달아 놓은
악기를 두드리며 그 소리를 듣는 형상에서 비롯되어
'소리'라는 뜻으로 쓰인다. 이로부터 파생된
'음악' '시가' '명성' 등의 뜻도 있다.

화성(和聲), 성동격서(聲東擊西), 성가(聲價)

기가 같으면 화합하고 소리가 비슷하면 호응한다.
— 여불위, 『여씨춘추』 —

눈은 뒤를 보지 못하지만
귀는 뒤에서 나는 소리도 듣는다.

8月 31日

비출 조

햇빛이 비쳐드는 모양으로, '비추다'는 뜻이다. 이로부터 파생되어
'밝다' '알다' '대조하다' '관심을 갖다' 등의 뜻으로도 쓰인다.

관조(觀照), 대조(對照), 회광반조(回光返照)

태곳적에 열 개의 태양이 한꺼번에 떠올라서
만물을 낱낱이 비췄다.
— 『장자』 —

우리는 누구나 주위를 비추는 빛을 머금은
'사람 등불'이다.

5月

신록과 청춘

明

8月 30日

고요할 정

**다툼 없이 평안한 형상으로, '고요하다'는 뜻이다.
이로부터 파생되어 '정지하다' '안정되다' 등의 뜻으로도 쓰인다.**

피정(避靜), 안정(安靜), 정숙(靜肅)

물은 멈춰 있으면 거울이고 불은 가만히 있으면 맑다.
— 유협, 『문심조룡』 —

**세상의 번잡함, 삶의 고단함 속에서 빚어내는 고요함은
덕분에 살아 낼 수 있는 고마움.**

5月 1日

밝을 명

새벽에 해는 갓 떠오르고 달은 아직 지지 않았을 때의
형상 내지 창밖으로 밝은 달이 비쳐드는 형상에서 비롯되어
'밝다'는 뜻으로 쓰인다. 이로부터 파생되어
'밝히 드러나다' '현명하다' 등의 뜻으로도 쓰인다.

광명(光明), 명료(明瞭), 명약관화(明若觀火)

해가 지면 달이 떠오르고 달이 지면 해가 떠오르니,
해와 달이 서로를 밀어내며 밝음이 생성된다.
―『역경』―

**밝음이 내 안 깊숙이까지 비쳐들게 했을 때
나는 비로소 늘 자유롭게 된다.**

8月 29日

너그러울 관

가옥이 크고 넓은 형상으로, '너그럽다'는 뜻이다.
이로부터 파생되어 '용서하다' '느슨하다' 등의 뜻으로도 쓰인다.

관유(寬裕), 관대(寬大), 관용(寬容)

정성스럽게 명령을 받들면 어긋나지 않게 되며,
성실하게 업무를 수행하면 해이하지 않게 된다.
공경함으로 일을 처리하면 죽음에서도 용서받고
검소하게 쓸 바를 채워 가면 걱정으로부터 멀어지게 된다.
— 좌구명, 『국어』—

불의에 너그럽지 않으면
자신에게 더없이 너그러워질 수 있다.

5月 2日

빛 광

사람의 머리 위에 불이 있는 형상에서 비롯되어 '빛'이라는
뜻으로 쓰인다. 이로부터 '빛나다' '빛이 비추다' '밝다' 등의
뜻으로 파생되었고, '시간'이라는 뜻이 부가되었다.

광풍(光風), 광음(光陰), 광화문(光化門)

황제가 요임금, 순임금보다 훌륭하여
그 덕이 온 중국을 감화하였다.
— 위수(魏收), 『위서(魏書)』 —

**내가 나에게라도 작은 빛이 되었다면
그것만으로도 충분하다.**

8月 28日

넉넉할 유

옷이나 물건 등이 풍부하다는 형상으로, '넉넉하다'는 뜻이다.
이로부터 파생되어 '관대하다' '윤택하다' 등의 뜻으로도 쓰인다.

여유(餘裕), 관유(寬裕)

사람이 바르고 고요할 수 있으면 피부가 윤택해지고
눈과 귀가 밝아지며 근육이 튼실해지고 골격이 강해진다.
―『관자』―

많이 소유했기에 넉넉한 것이 아니라
제때 베풀기에 넉넉한 것이다.

5月 3日

빛날 휘

불을 뜻하는 형상에서 비롯되어 '빛나다'라는 뜻으로 쓰이며,
'광채' '반짝이다' 등의 뜻으로도 쓰인다.

광휘(光輝), 휘황(輝煌)

하늘의 도는 강건하고 튼실하며 그 빛은 나날이 새롭다.
─『역경』─

안개가 짙을수록, 걷힌 후에 맞이하는
아침의 윤슬은 더없이 반짝인다.

8月 27日

고요할 적

집에 사람이 없음을 나타내는 형상으로, '고요하다'는 뜻이다.
이로부터 파생되어 '적막하다' '한적하다' 등의 뜻으로도 쓰인다.

한적(閑寂), 적막(寂寞), 정적(靜寂)

고요하도다, 적막하도다! 홀로 우뚝 서 있으니 고칠 필요 없고
면밀히 행하니 위태롭지 않다.
―『노자』―

**때로는 적막에 나를 침잠하여
나에게 오롯이 집중해 봄이 필요하다.**

5月 4日

맑을 청

물이 '맑다'는 뜻으로, 이로부터 '깨끗하다' '명료하다'
'투명하다' 등의 뜻으로 쓰인다.

청명(淸明), 청렴(淸廉), 청결(淸潔)

성인은 순리대로 행하니
형벌이 투명해져 백성들이 복종한다.
―『역경』―

물이 맑다고 하여 물맛이 다 좋은 것은 아니다.

8月 26日

막을 한

문에 가로로 걸쳐 놓은 나무의 형상에서 비롯되어 '막다'는 뜻을
지닌다. 이로부터 '그치다'는 뜻이 파생되었고,
'한가하다' '숙련되다' 등의 뜻으로도 쓰인다.

한가(閑暇), 망중한(忙中閑)

의로움으로써 막고 정치로 바로잡는다.
— 좌구명, 『춘추좌전』 —

한가로움은 게으름이 아니다.
그것은 마음으로 빚어내는 여유이자 삶의 평온이다.

5月 5日

밝을 량

건물 위쪽에 불이 환한 모습에서 비롯되어 '밝다'라는 뜻으로 쓰인다.
이로부터 '명료하다' '신실하다' '보좌하다' 등의 뜻으로도
파생되어 쓰인다.

청량(淸亮), 명량(明亮), 충량(忠亮)

군자가 신실하지 못하면서
어찌 중용의 도를 지킬 수 있겠는가?
―『맹자』―

**어둠 속에 빛나는 빛보다
밝음 속에 빛나는 빛이 더 환하다.**

8月 25日

남을 여

많이 산출되어서 남아돎을 가리키는 형상으로, '남다'는 뜻이다.
이로부터 파생되어 '풍족하다' '오래가다' 등의 뜻으로도 쓰인다.

여가(餘暇), 여유(餘裕), 여운(餘韻)

행하고 나서 여력이 있으면 곧 인문을 배운다.
— 『논어』 —

여력은 할 수 있는 만큼 하고 남은 힘이 아니라,
다음을 위해 미리 덜어 놓은 힘이다.

5月 6日

고울 선

갓 잡은 고기, 생선을 가리키는 형상으로,
이로부터 '싱싱하다'는 뜻으로 쓰이고, '정결하다'
'좋다' '곱다' 등으로 파생되어 쓰인다. 한편 '적다'는 뜻도 지닌다.

선명(鮮明), 신선(新鮮), 조선(朝鮮)

사사로운 욕심이 무척 크고 과하면
덕과 의로움이 매우 적어진다.
— 좌구명, 『국어』 —

눈이 맑아도 마음이 흐리면 세상은 흐릿하고,
마음이 맑으면 눈이 흐려도 세상은 뚜렷하다.

8月 24日

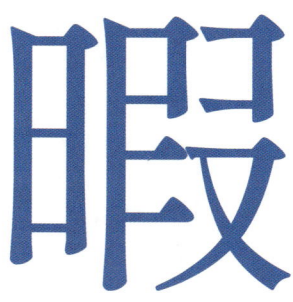

겨를 가

일이 없는 시간을 뜻하는 한자로, '겨를'이라는 뜻이다.
이로부터 '한가하다' '휴가' 등의 뜻으로도 쓰인다.

휴가(休暇), 한가(閑暇), 가일(暇日)

장정들은 쉬는 날을 이용하여 효도, 공손, 충성, 미더움을 닦는다.
―『맹자』―

짧은 겨를일지라도 마음 가득 채워지는
배려가 있어 살 만한 사회다.

5月 7日

푸를 청

나무와 풀이 자랄 때의 푸름을 가리키는 형상으로 추정되며,
이로부터 '푸르다'는 뜻으로 쓰이고, '청색' '젊음' 등의 뜻도 지닌다.

청춘(靑春), 청과(靑果), 청천벽력(靑天霹靂)

푸른색은 쪽풀에서 취하지만 쪽풀보다 더 푸르다.
―『순자』―

한 자락 푸른 마음으로도
잿빛 세상에서 잿빛에 물들지 않을 수 있다.

8月 23日

쉴 휴

나무 밑에서 사람이 쉬는 형상에서 비롯되어 '쉬다'는 뜻을 지닌다.
이로부터 파생되어 '그치다'는 뜻으로 쓰이고,
'크다' '아름답다' 등의 뜻으로도 쓰인다.

휴양(休養), 휴지(休止), 귀휴(歸休)

귀에 거슬리는 말을 기꺼이 듣고자 하고, 입에 쓴 비판을 달게 여기면
커다란 교화를 크게 드러내고, 원대한 계획을 도와 이룸으로써 아름다운
명예를 미래에 드리우고, 훌륭한 명성을 썩지 아니할 영원에 흩뿌린다.
— 조영(趙瑩), 『구당서(舊唐書)』—

멈춤도, 쉼도, 놂도 다 살아 있음이다.

5月 8日

해 년/연

곡식이 익은 모습에서 파생되어 '한 해'를 뜻한다. 곡식이 익는 데 걸리는 기간이 한 해였기에, 이로부터 '나이'라는 뜻이 파생되었다.

청년(靑年), 풍년(豐年), 연령(年齡)

해마다 해마다 꽃은 서로 비슷한데,
해마다 해마다 사람은 다르도다!
— 유희이(劉希夷), 「늙음을 서글퍼하는 노인' 시를 모방하여 짓다」 —

그 나이다울 때 삶은 그 자체로
미래 지향적이고 가장 튼실하다.

8月 22日

쉴 식

코에서 숨이 나오는 모습으로, '숨 쉬다'는 뜻이다.
이로부터 파생되어 '키우다' '이자' 등의 뜻으로도 쓰인다.

휴식(休息), 이식(利息), 식경(息頃)

나라를 다스리는 군주는 소나 양을 치지 않으며,
군주의 신하된 자는 닭이나 돼지를 키우지 않는다.
—『순자』—

내쉬는 숨 한 자락에 위로를, 들이켜는 숨 한 자락에 격려를
하루를 살아 낸 나에게 보낸다.

5月 9日

초록 록/녹

청색에 황색이 더해진 색을 가리켜 '녹색'이라는 뜻으로 쓰인다.
이로부터 사물이나 빛깔이 녹색으로 변하는 현상을
나타낼 때도 사용된다.

청록(靑綠), 녹음(綠陰), 녹내장(綠內障)

성인은 위로는 천 년을 알고 아래로도 천 년을 안다.
억측을 하는 것이 아니라 저절로 그렇게 됐을 따름이다.
녹색 그림으로 된 『녹도』나 『번부』 같은 예언서는 이렇게 하여 생겨났다.
— 여불위, 『여씨춘추』 —

나무는 싹 틔우고 꽃 피우며, 녹음을 펼쳐 내고 과실을
맺어 내며, 낙엽을 떨궈 내고 헐벗은 가지로 추위를
버텨 내는 모습으로 우리에게 말을 건넨다.

8月 21日

놀 유

깃발을 들고 나아가는 모습으로, '나가다' '가다'는 뜻이다.
이로부터 파생되어 '놀러가다' '놀다'는 뜻으로 쓰이고,
'교제하다' '유세하다' '헤엄치다' 등의 뜻으로도 쓰인다.

유휴(遊休), 교유(交遊), 유학(遊學), 유영(遊泳)

선왕의 노닒은 봄에 나가면 농사가 뿌리내리지 않았는지를
따져보는 것으로 이를 일러 노닒이라고 한다.
―『관자』―

사람은 놀이하는 존재(호모 루덴스 *Homo Ludens*)이다.
잘 놀 줄 알아야 사람답다는 뜻이다.

5月 10日

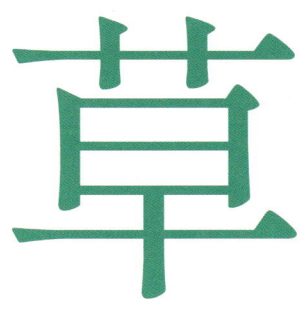

풀 초

본래 도토리를 가리켰다. '풀'이라는 뜻은 艸(풀 초) 자를 썼는데, 후에
'草'가 '艸'를 대신하여 주로 쓰이게 되었다. '풀'에서 파생되어 '초원',
소나 말의 먹이인 '꼴' 등의 뜻으로 쓰이고,
나아가 '창립하다' '글을 쓰다' 등의 뜻이 부가되었다.

청초(靑草), 초지(草地), 초창(草創), 초고(草稿)

땅의 본성은 풀을 낳는 것이고, 산의 본성은 나무를 낳는 것이다.
— 왕충(王充), 『논형(論衡)』 —

산불이 나면 풀이 먼저 타지만
불이 그친 후에는 풀이 먼저 돋아난다.

8月 20日

볼 람/남

높은 곳에 올라 내려다보는 모습으로, '바라보다'는 뜻이다.
이로부터 파생되어 '유람하다' '열람하다' 등의 뜻으로도 쓰인다.

유람(遊覽), 관람(觀覽), 박람회(博覽會)

오늘날 세상의 논의들은 모두 번지르르한 논리와 수사에
치중한 말들인 만큼 군주는 그러한 글을 살필 때
그 실질적 쓰임새를 망각해서는 안 된다.
―『한비자』―

**일상의 무료함과 분주함 가운데에서도
주위를 천천히 둘러볼 줄 앎이 능력이다.**

5月 11日

꽃다울 방

꽃이나 풀 등의 향기를 가리켜서 '향기롭다'는 뜻으로 쓰이며,
이로부터 파생되어 '꽃' '빼어나다' 등의 뜻으로도 쓰인다.

방초(芳草), 방명록(芳名錄), 방년(芳年)

어찌 할쏘냐, 어제 향기롭던 풀이여.
이제는 그저 이리 말라 버린 쑥처럼 되었구나!
— 굴원(屈原), 「우환을 만나다」 —

누구나 자기만의 향내를 내뿜는다.

8月 19日

볼 관

높은 곳에 올라 살펴보는 형상을 본떠 '바라보다' '살피다'는 뜻을 지닌다. 이로부터 파생된 '관람하다' '유람하다' 등의 뜻도 있다.

관광(觀光), 관찰(觀察), 관측(觀測)

우러러 하늘에서 별들의 문양을 살피고,
굽어보아 땅에서 법칙을 살핀다.
— 『역경』 —

이상하게 보였던 것도 자주 보면 익숙해진다.
그렇듯이 일탈도 자주 하면 일상이 된다.

5月 12日

빼어날 수

싹이 자라 '꽃이 피다' '이삭이 패다'는 뜻으로, 이로부터 파생되어
'빼어나다' '특이하다' 등의 뜻으로 쓰인다.

수려(秀麗), 우수(優秀), 수재(秀才)

들꽃은 피어 향기 그윽하고 멋진 나무에는 열매 열리고 녹음이 짙다.
― 구양수(歐陽修),「취옹정(醉翁亭)에서의 일을 적다」―

나를 이김은 내가 맺은 과실 가운데
가장 맛나고 풍성한 과실이다.

8月 18日

나그네 려/여

군대 깃발 아래 병사들이 모여 있는 모습을 본떠 '군대'라는 뜻을 지닌다. 여기에 '나그네' '여행하다' 등의 뜻이 더해졌다.

여행(旅行), 여단(旅團), 여관(旅館)

무릇 천지는 만물이 잠시 묵어가는 여관이고 세월은 영원한 나그네다.
덧없는 인생은 한바탕 꿈과 같으니 즐거움이 얼마나 될까나.
— 이백, 「봄밤 복숭아꽃 도리꽃 만발한 정원에서의 연회를 쓰다」 —

여행은 자연이란 책에 쓰인 지혜를 습득하는 것이다.

5月 13日

고울 려/여

사슴의 머리에 두 갈래로 난 뿔의 형상에서 비롯되어
'멋지다'는 뜻과 '짝'이라는 뜻으로 쓰이며,
'만나다' '결합하다'는 뜻으로도 쓰인다.

화려(華麗), 미려(美麗), 고려(高麗)

해와 달은 하늘에 붙어 있고 온갖 곡식과 풀, 나무는 땅에 붙어 있다.
해와 달이 이어 밝힘으로써 정도에서 벗어나지 않으니
이에 천하가 교화된다.
―『역경』―

꽃에는 곱고 안 곱고가 없다.
단지 보는 이들의 선호만 있을 뿐.

8月 17日

피할 피

'피하다' '숨다'는 뜻으로, 이로부터 파생되어
'도망가다' '방지하다' 등의 뜻으로도 쓰인다.

피서(避暑), 기피(忌避), 회피(回避)

신하가 군주의 명을 받들어 국사를 행함은
군주를 사랑하기 때문이 아니라 국가가 이로운 쪽으로
나아가고 해로움을 피하기 위해서이다.
— 『관자』—

할 수 있는 일을 피해도 실패 확률이 높아지고,
할 수 없는 일을 무릅써도 실패 확률이 높아진다.

5月 14日

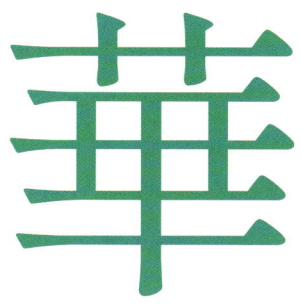

꽃 화

가지와 꽃 사이에 꽃이 활짝 핀 형상으로, '꽃'이라는 뜻이다.
이로부터 '빛나다' '화려하다' 등의 뜻으로도 쓰인다. 한편 높은 수준의
문화를 뜻하며, 중국인은 '최고로 발달한 문화를 지닌 중국'이라는
뜻에서 중국을 '중화(中華)'라고 부르기도 한다.

光華(광화), 정화(精華), 화혼(華婚)

화려하지만 내실이 없으면 원망이 몰려들게 된다.
― 좌구명, 『춘추좌전』 ―

꽃이 화려하지 않아도 열매는 달 수 있다.

8月 16日

다할 극

나무 기둥을 뜻하는 한자로, 여기에 '정점' '정점에 도달하다'는 뜻이 더해졌다. 이로부터 파생되어 '다하다'는 뜻으로 쓰이고, '높다' '표준' '곤궁하다' 등의 뜻으로도 쓰인다.

극성(極盛), 태극기(太極旗), 지극(至極), 남극(南極)

이름을 세운다는 것은 행실의 표준이 된다는 것이다.
— 사마천, 「임안에게 드리는 글」—

극한은 안주하라고, 때로는 도전하라고 설정된다.

5月 15日

사치할 사

'낭비하다'는 뜻으로, 이로부터 '지나치게 많다'
'사치하다' '과시하다' '교만하다' 등의 뜻으로도 쓰인다.

화사(華奢), 사치(奢侈), 호사(豪奢)

신이 보니 신에게 바치는 제물은 보잘것없는데 바라는 바는
지나치게 많았습니다. 그래서 웃었습니다.
— 사마천, 『사기』 —

**영혼까지 털어 넣어 성과를 냈을 때는
한 번쯤 자신에게 사치를 부려도 된다.**

8月 15日

하물며 황

차가운 물을 가리키는 한자로, 여기에 '비교하다' '상황'
'하물며' '분위기'라는 뜻이 더해져 쓰인다.

성황(盛況), 정황(情況), 상황(狀況)

불이 꺼지면 다시 불붙일 수 없다. 이로써 비유하자면
죽은 사람이 귀신이 될 수 없음은 분명하다.
— 왕충, 『논형』 —

신도 미덥지 못하면 욕먹는다.
하물며 인간이랴!

5月 16日

볕 양

해가 언덕을 비추는 형상에서 '볕'을 뜻한다. 이로부터
'해' '양지' 등의 뜻으로 쓰인다. '양'은 추상화되어
陰(그늘 음)과 함께 만사만물을 낳고 운행하는 근원의 하나를
가리키며, '밝음' '강함' '굳셈' '상승' '외향' '능동' 등의 속성을 지닌다.

양광(陽光), 음양(陰陽), 양기(陽氣)

한 번은 음이고 한 번은 양인 것을 일컬어 도라고 한다.
―『역경』―

만물은 저마다 음과 양을 함께 지니고 있다.

8月 14日

여름 하

작열하는 태양을 향해 고개를 들고 꿇어앉은 모습으로,
여기에 '여름'이라는 뜻이 담겼다. 여름은 만물이 성장하고
번성하는 계절이므로 '크다'는 뜻으로 쓰이고,
문명이 '번창하다'는 뜻으로도 파생되어 쓰인다.

성하(盛夏), 하계(夏季), 하지(夏至)

함곡관 서쪽, 진(晉)나라와 진(秦)나라 일대는 문물이 성대하여
사랑받고 좋다고 여겨졌는데 여기를 일러 여름 같다고 했다.
— 양웅, 『방언(方言)』 —

여름은 모두의 뜨거움이다.
그것은 성장을 일궈 내는 숨 가쁜 열기이다.

5月 17日

무늬 채

어떤 형상이 드러나 있음을 가리키며, 이로부터 '무늬'라는 뜻으로 쓰인다. 또한 '광채' '색채' '채색하다' 등의 뜻도 지닌다.

광채(光彩), 채색(彩色), 채운(彩雲)

글에 문채를 가하니 무늬가 아롱지고
음률이 절도에 맞으니 화려해진다.
— 유협(劉勰), 『문심조룡(文心雕龍)』 —

어르신의 깊이 팬 주름,
세상의 그 어떤 무늬보다 더 깊은 무늬.

8月 13日

클 륭/융

풍성함을 가리키는 형상으로, '크다'는 뜻이다. 이로부터 파생되어
'많다' '흥성하다' '높다' '심후하다' 등의 뜻으로도 쓰인다.

융성(隆盛), 흥륭(興隆)

선조를 존중함과 임금, 스승을 높임, 이는 예의 근본이다.
―『순자』―

융성함은 속이 깊을수록, 멀리 내다볼수록 오래간다.

5月 18日

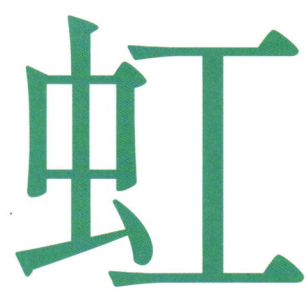

무지개 홍

하늘에 여러 색이 겹쳐 아치형으로 펼쳐진 것을 가리키며,
이로부터 '무지개'라는 뜻으로 쓰인다. 고대 중국인은
무지개를 머리가 둘이고 몸통이 긴 벌레 같은 괴물이라고
여겨 한자에 虫(벌레 충)이 들어가게 되었다.
무지개의 생김새로 인하여 양끝을 잇는 '다리'라는 뜻으로도 쓰인다.

채홍(彩虹), 홍채(虹彩)

하늘과 땅은 무지개처럼 통해 있어 본디 끝이라는 것이 없다.
— 범엽, 『후한서』 —

나에게 가장 값진 무지개는 나와 너 사이에 놓인 무지개.

8月 12日

익을 숙

죽을 그릇에 넣고 끓이는 형상으로, '삶다' '익히다'는 뜻이다.
이로부터 파생되어 '익다' '성숙하다' 등의 뜻으로도 쓰인다.

성숙(成熟), 숙고(熟考), 숙육(熟肉)

군주가 무릇 조언을 들을 때면 반드시 숙고한 논의여야 하고
사람들 사이에서 반드시 이치로써 검증된 것이어야 한다.
- 여불위, 『여씨춘추』 -

성숙은 성장하는 오늘과 내일의 토대를
튼실하게 다져 준다.

5月 19日

많을 려/여

본래 기장이나 쌀로 풀을 써서 신발을 이어 붙이는 형상으로, 이로부터 '신을 만들다'는 뜻으로 쓰인다. 후에 '많다' '검다' '백성' 등의 뜻이 부가되었다.

여명(黎明), 여민(黎民), 검려(黔黎)

그들을 구제하려면 궁실을 줄이고 화려한 장식을 제거하며
효성스럽고 공손한 이들을 등용하고 백성을 긍휼히 대해야 한다.
— 동중서(董仲舒), 『춘추번로(春秋繁露)』 —

밤이 짙을수록 여명은 더욱 환하다.

8月 11日

온전할 전

아무런 하자도 없는 '옥'을 가리킨다. 이로부터 '온전하다' '완전하다'는 뜻으로 쓰이고, 여기서 파생되어 '완미하다' '전체를 이루다' 등의 뜻으로도 쓰인다.

전성기(全盛期), 완전(完全), 전수(全數)

무릇 군대를 쓰는 법으로는 적국을 온전히 함이 최상이고
적국을 파괴함은 그다음이다.
―『손자병법』―

나의 온전함은 너와 만나 비로소 이뤄진다.

5月 20日

새벽 서

동이 틈을 형상한 것으로부터 '새벽'이라는 뜻으로 쓰이고,
이로부터 파생되어 '아침'이라는 뜻으로도 쓰인다.

서광(曙光), 서월(曙月)

그 안위를 논하자면 하루아침에 안위를 잃어
종신토록 다시 얻지 못하기도 한다.
— 여불위, 『여씨춘추』 —

새벽을 맞이함은 어둠이 아니라
그 안의 밝음을 맞이함이다.

8月 10日

창성할 창

해가 막 떠오를 때 환호하는 사람들의 모습으로,
'크게 소리 지르다'는 뜻이다. 후에 '창성하다' '무성하다' 등의 뜻이
더해졌고, 해와 연관된 한자인 까닭에 '밝다' '빛나다' 등의
뜻으로도 쓰인다. 또한 '정당하다' '선하다' 등의 뜻도 지닌다.

번창(繁昌), 창성(昌盛), 창언(昌言)

사리에 순종하는 자는 창성하고
순리에 역행하는 자는 죽지 않으면 망한다.
— 사마천, 『사기』 —

내가 짓는 행동 하나가 창대함으로 이어지는
나비의 날갯짓이다.

5月 21日

해 일

해를 본뜬 한자로, 뜻은 '해'이다. 해가 떠 있는 동안인
'낮'이라는 뜻으로도 쓰인다. 이로부터 '하루' '날마다'의 뜻으로
파생되어 쓰이며, 금일(今日), 익일(翌日)처럼
시간을 헤아리는 단위로도 사용된다. 해를 우주의 중심이라 여긴
고대 중국인의 사상에 따라 '군주'를 뜻하기도 한다.

일명(日明), 요일(曜日), 일야(日夜)

무릇 해는 모든 양적인 것의 수장으로 그 빛이 닿는 곳마다
온 고을에 그림자가 드리운다. 그래서 군주의 사표인 것이다.
— 반고, 『한서』 —

**태양도 구름이 가리면
묵묵히 걷힐 때를 기다린다.**

8月 9日

응달 음

해를 등진 형상에서 비롯되어 '그늘'이라는 뜻을 지닌다. 이로부터
'어둑하다' '음산하다'의 뜻이 파생되었다. 한편 陽(볕 양)과 함께
만물을 배태하고 운영하는 근원의 하나인 '음'을 뜻한다. 일반적으로
음은 '어둠' '약함' '부드러움' '내향' '수동' 등의 속성을 가리킨다.

녹음(綠陰), 음울(陰鬱), 음산(陰散)

격류에는 잔물결이 일지 않고 고목에는 그늘이 없으니
이는 자연의 형세이다.
— 유협, 『문심조룡』 —

녹음은 처음부터 짙푸르렀던 것이 아니다.
푸른 나뭇잎 한 장, 한 장들이 모여
짙푸른 녹음을 펼쳐 낸다.

5月 22日

빛날 찬

광채가 눈을 비추는 형상에서 비롯되어 '빛나다' '번쩍이다'는 뜻으로 쓰인다. 이로부터 파생되어 '선명하다' '명료하다'는 뜻으로도 쓰인다.

찬연(燦然)

문장은 이치가 명료하고 도타우며,
지혜는 넓고 풍부하며 해박하다.
— 동중서, 『춘추번로』—

거듭되는 어둠이라도
언젠가 빛날 내일까지 가리지는 못한다.

8月 8日

푸를 창

풀의 빛깔을 가리키는 한자로, '푸르다'는 뜻이다.
특히 짙은 풀의 빛깔을 가리켜 '짙은 녹색'을 뜻하기도 하고,
'하늘의 빛깔' '하늘'을 가리키기도 한다. 풀이 빽빽하게 나 있는
형상으로부터 파생되어 '많다'는 뜻으로도 쓰인다.

울창(鬱蒼), 창공(蒼空), 창생(蒼生)

한 개인이 도를 닦는다고 몇 명이나 되는 창생을 구제하겠는가?
몇 명이나 죄에서 연루됨을 면하게 해 주겠는가,
바라건대 심사숙고해 보기를!
— 안지추, 『안씨가훈』 —

나의 두 눈에는 푸른 창공을
얼마나 담아낼 수 있을까?

5月 23日

물러질 란/난

불로 물건을 흐물흐물해지도록 삶음을 가리킨 까닭에
'삶다' '물러지다'는 뜻을 지닌다. 불과 연관된 한자여서 '빛' '밝다'
'불에 데다'는 뜻이 부가되었고, 불로 오래 삶는다는 데서 파생되어
'난숙하다' '정통하다'는 뜻으로도 쓰인다.

찬란(燦爛), 난숙(爛熟), 난만(爛漫)

기름진 고기와 많은 술로 힘써 스스로를 강하게 한다는 것을 일러
창자를 문드러지게 하는 식이요법이라고 한다.
— 여불위, 『여씨춘추』 —

반사로 인한 찬란함보다는
내면에서 비롯되는 찬란함을 품는다.

8月 7日

막힐 울

숲속에 한 사람은 엎드려 있고, 다른 사람이 그 등을 밟고 서 있는
형상으로, 밟힌 사람은 가슴이 눌렸기에 이로부터 마음이 '막히다'
'답답하다'는 뜻으로 쓰인다. 또한 근심이나 번민이 쌓인다는 뜻으로
파생되어 쓰인다. 나무가 빽빽한 모습이기도 하여 '우거지다'
'무성하다' 등의 뜻도 지닌다.

울울(鬱鬱), 울적(鬱積), 울분(鬱憤)

음악이라는 것은 마음에 쌓인 바가 바깥으로 흘러나온 것으로,
잘 울 수 있는 바를 택하여 그것을 빌려 온 것이다.
— 한유, 「맹동야에게 보내는 글」 —

갖은 세파에도, 삶의 고단함에도 거뜬한 이는
마음이 울창한 사람이다.

5月 24日

무늬 현

문채가 드러남을 뜻하는 한자로, '무늬'라는 뜻이다.
또한 '무늬가 밝히 빛나다'는 뜻으로 쓰이고,
이로부터 사람의 눈을 '현혹하다'는 뜻으로 파생되어 쓰인다.

현란(絢爛), 명현(明絢)

자하가 여쭸다. "'곱게 웃으면 보조개 패고, 아름다운 눈은 초롱초롱하다.
흰색으로 문채를 이루었다'는 무엇을 말함입니까?" 공자가 대답했다.
"그림을 그릴 때 끝에 흰색으로 형상을 분명하게 드러내 준다는 뜻이다."
―『논어』―

무늬 덕분에 호랑이는 더욱 호랑이다워진다.

8月 6日

우거질 무

풀이 무성한 모양으로, '우거지다'는 뜻이다. 이로부터 파생되어
'창성하다' '탁월하다' '아름답다' '빼어나다' 등의 뜻으로도 쓰인다.

무성(茂盛), 무재(茂才)

나뭇잎이 바야흐로 무성하여 아름다울 때는 종일토록
나뭇잎을 따도 그 아름다움이 줄어든지를 모른다.
그러다 가을 서리가 내리면 온 숲이 다 파리해진다.
- 여불위, 『여씨춘추』 -

관계가 우거질수록
나의 두 발은 땅 위에 더욱 굳건하게!

5月 25日

못 택

'빛에 반짝이는 윤기'라는 뜻이며, 물이 모이는 곳을 가리켜
'못'의 뜻으로도 쓰인다. 또한 '비'를 뜻하기도 하는데, 제때에 내리는
비는 은혜로운 비이기에 이로부터 '은택' '혜택'이라는 뜻이 생겼다.

윤택(潤澤), 광택(光澤), 은택(恩澤)

음양이 조화를 이루고 제때에 내리는 비와 같은 은택이 베풀어지면
만물이 성장하고 백성 모두가 이를 누린다.
— 공부(孔鮒), 『공총자(孔叢子)』 —

나는 무엇을 품고 있는 연못일까?

8月 5日

통달할 달

걸리적거리는 것 없이 길을 가서 행선지에 도달하는 형상으로, '막힘이 없다' '다다르다'는 뜻이다. 이로부터 파생되어 '통달하다' '현달(顯達)하다' 등의 뜻으로도 쓰인다.

영달(榮達), 활달(豁達), 달관(達觀)

무릇 어짊이란 자신이 서고자 하면 남을 먼저 세워 주고, 자신이
현달하고자 하면 남을 먼저 현달케 해 주는 것이다.
— 『논어』 —

많은 것을 잘 아는 것도 좋다. 그러나 내가 좋아하는
그 하나를 잘 아는 것이 더 나을 때도 있다.

5月 26日

젖을 륜/윤

촉촉하게 젖은 상태를 가리킨 데서 비롯되어
'촉촉하다' '젖다'는 뜻으로 쓰인다. 물기로 젖어 있으면
미끄럽기 때문에 '미끌미끌하다' '반질거리다'는 뜻으로도 쓰인다.

윤택(潤澤), 윤기(潤氣), 습윤(濕潤)

옥이 묻혀 있는 산은 초목이 반질반질하고,
구슬이 담겨 있는 못은 물기슭이 마르지 않는다.
─『순자』─

소리 낮게 내려 만물을 촉촉이 적시는
봄비를 닮은 삶.

8月 4日

꽃 영

불타는 장작이나 햇불 두 개가 교차된 모습의 한자로,
화려하고 아름다운 것을 가리킨다. 또한 '풀의 꽃'을 뜻하고,
'귀중하다' '영화롭다' 등의 뜻으로 쓰인다.

번영(繁榮), 영광(榮光), 영욕(榮辱)

초목이 꽃피고 무성할 때는 초목을 채취하러
도끼 등을 가지고 산에 들어가서는 안 된다.
―『순자』―

꽃은 저마다 피는 때가 있다. 자기 때가 되어 피는 꽃은
늦게 피어도 늘 아름답다.

5月 27日

구슬 주

'진주'를 가리키는 한자로, 빛이 나는 원형의 알갱이도 가리켰던 까닭에 '보석' '구슬' 등의 뜻으로 쓰인다. 또한 진주같이 빛나는 글이라는 뜻에서 '뛰어난 글'을 가리키기도 한다.

명주(明珠), 주옥(珠玉), 주렴(珠簾)

진주는 화재를 방지할 수 있기에 보배로 여겨진다.
— 좌구명, 『국어』 —

이슬은 해 뜨면 사라지지만
구슬은 해 뜨면 더욱 아롱진다.

8月 3日

많을 번

실을 엮어 치렁치렁 늘어뜨린 장식의 형상으로,
이로부터 '많다'는 뜻으로 파생되어 쓰인다. 또한 '흥성하다'
'무성하다' '잡다하다' 등의 뜻이 부가되었다.

번성(繁盛), 번다(繁多), 번식(繁植)

글은 마음으로부터 나오고 마음은 글로써 드러난다. 따라서
그 글이 남다르고 훌륭하면 마음이 온전하게 헤아렸다고 할 수 있다.
이로써 보건대 글이 성대한 사람은 사람들 중에 걸출한 자이다.
— 왕충, 『논형』 —

잘 산다는 것은 오랜 번창보다 많은 나눔이다.

5月 28日

은 은

흰색의 금 같다고 하여 백금으로 불렸던 물질을 가리켰고,
이로부터 '은'이라는 뜻으로 쓰인다. 은으로 만든 기물을
가리키기도 했고, 화폐로 쓰인 '은자(銀子)'를 가리키기도 했다.

은하(銀河), 은장도(銀粧刀), 은행(銀行)

달은 은구슬과 같고 해의 빛을 받아들인다.
— 신도(愼到), 『신자(愼子)』 —

은은 금과 다르기에, 아무리 금일지라도
은이 될 수는 없기에 은은 그 자체로 귀하다.

8月 2日

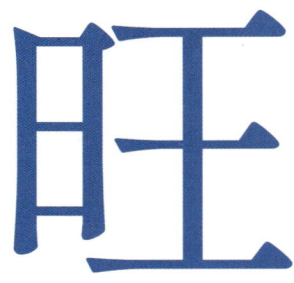

왕성할 왕

빛이 풍성하게 비쳐 아름다운 모습으로, '왕성하다'는 뜻이다.
이로부터 파생되어 '흥성하다' '번영하다' '건장하다' 등의
뜻으로도 쓰인다.

왕성(旺盛), 흥왕(興旺)

이 점포는 겉으로는 매우 번영한 듯하지만 일하는 것을 보면
어떨 때는 사뭇 산만하고 또 어떨 때는 자못 기민하니,
그 실상은 매우 불건전한 것이다.
— 루쉰, 「선앤빙에게」 —

**긍정하고 수용하는 만큼 건장해진다.
사람도, 삶도, 사회도, 국가도!**

5月 29日

갤 청

비나 눈이 그치고 하늘에 구름 한 점 없는 상태를
가리키는 한자로, 날씨가 '개다' '맑다'는 뜻이다.
또한 비유적으로 쓰여 '눈물이 멈추다'라는 뜻도 지닌다.

청명(晴明), 청천(晴川), 춘청(春晴)

맑은 강 너머로 또릿또릿한 한양의 나무,
향기로운 풀 가득가득한 앵무주.
— 최호(崔顥), 「황학루(黃鶴樓)」 —

나의 맑음으로 드러나는 너의 맑음,
너의 맑음으로 이어지는 나의 맑음.

8月 1日

성할 성

곡식을 넘치도록 담은 제기를 놓고 제사 지내는 모습으로,
'가득하다' '가득 채우다'는 뜻이다. 이로부터 파생되어 '흥성하다'
'번영하다' '무성하다' 등의 뜻으로도 쓰인다.

성세(盛世), 성덕(盛德), 성대(盛大)

예라는 것은 부족한 바를 채우고 남는 바를 절제케 하며,
풍년에는 낭비하지 않게 하고 흉년에는 아끼지 않게 함으로써
빈자와 부자가 크게 차이 나지 않게 함이다.
— 반고, 『백호통(白虎通)』 —

**혼자서는 성대해지지 못한다.
여럿이 있어 성대해진다.**

5月 30日

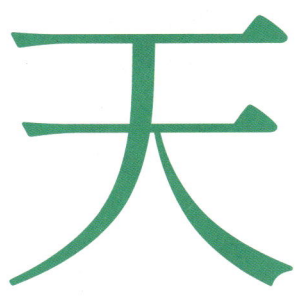

하늘 천

사람이 정면으로 서 있는 형상인 大(큰 대) 위에 동그라미가 얹힌
형상으로부터 사람 머리 위에 있는 것, 곧 '하늘'이라는 뜻을 지닌다.
하늘은 가장 높이 있는 존재라고 여겨 '우주의 주재자'
'가장 높은 사람' '근본 원리' 등의 뜻으로도 쓰인다.

청천(晴天), 천도(天道), 천자(天子)

하늘에 죄를 지으면 기도할 데도 없다.
―『논어』―

하늘은 말이 없지만 우주를 움직여
자기 뜻을 드러낸다.

8月

번성, 그 후의 쉼

盛

5月 31日

통과할 투

'뛰다'는 뜻이며, 이로부터 '지나가다' '통과하다'는 뜻으로 파생되어 쓰인다. 또한 '지나가다'로부터 '투과하다'는 뜻이 파생되었고, 이로부터 '투명하다' '철저하다' 등의 뜻이 부가되었다.

투명(透明), 투과(透過), 삼투(滲透)

그저 철저하게 보지 못하기에 수천, 수만 마디 말을 해도
단지 마음의 힘을 소비하게 될 따름이다.
— 주희, 『주자어류』 —

빛은 겹칠수록 투명해지고
색은 겹칠수록 짙어진다.

7月 31日

군셀 강

칼로 그물을 자르는 형상으로, '힘이 세다'는 뜻이다.
이로부터 파생되어 '굳세다' '딱딱하다' '강건하다'
'강성하다' 등의 뜻으로도 쓰인다.

강건(剛健), 강직(剛直), 외유내강(外柔內剛)

천하라는 질그릇을 구을 때는 조화가 관건이지 않겠는가!
너무 딱딱하면 깨지고 너무 부드러우면 무너지고 만다.
- 양웅, 『법언』 -

**굳셈이란 다들 머뭇거릴 때
한 걸음 먼저 걸으며 불안해하지 않는 것이다.**

6月

성장을 위한 전진

行

7月 30日

튼튼할 건

몸이 건강하고 혈기가 왕성한 모습으로, '튼튼하다'는 뜻이다.
이로부터 파생되어 '용맹하다' '고강하다' 등의 뜻으로도 쓰인다.

건투(健鬪), 건재(健在), 건전(健全)

자신을 아끼고 사랑하면 일 년 내내 건강하다.
— 진수, 『삼국지』 —

**평온한 삶이란 나의 건강이 우리의 건강이 되고,
우리의 건강이 나의 건강이 되는 삶이다.**

6月 1日

갈 행

네거리같이 사통팔달한 도로의 형상으로, '길'이라는 뜻으로 쓰인다.
길은 사람이 걸어 다니는 곳이었기에 '가다'는 뜻을 지니고,
이로부터 '통행하다' '유행하다' '시행하다' '하다' '행위' 등의
뜻으로 파생되어 쓰인다.

역행(力行), 행동(行動), 지행합일(知行合一)

9층의 누대도 맨땅에서 지어 올라가고,
천리의 출행도 발밑에서 시작된다.
―『노자』―

머리로만 알고 행할 줄 모르면
아는 것이 아니다.

7月 29日

싸울 투

두 사람이 무기를 뒤에 둔 채로 마주하고 손으로 싸우는 형상으로,
'싸우다'는 뜻이다. 이로부터 파생되어 '전투' '시합' 등의
뜻으로도 쓰인다.

분투(奮鬪), 고투(苦鬪), 투쟁(鬪爭)

장정이 되어서는 혈기가 한창 강할 때이므로
싸우지 않도록 경계해야 한다.
―『논어』―

**서로가 다르기에 다투기도 하지만
끌리기도 한다.**

6月 2日

먼저 선

대열에서 앞서가는 형상에서 '먼저'라는 뜻으로 쓰인다.
이로부터 수준이나 경지가 '앞서다'는 뜻으로 쓰이고, 시간이나
순서 등이 '앞서다' '앞' '앞세우다' 등의 뜻으로도 쓰인다.

선행(先行), 선진(先進), 우선(于先)

나에게는 세 가지 보물이 있어 꼭 쥐고서 보존하고 있다.
첫째는 자비함이고 둘째는 검소함이며
셋째는 함부로 세상의 앞이 되려 하지 않음이다.
— 『노자』 —

**나보다 뒤에 태어났어도 나보다 먼저 진리를 깨우쳤으면
나는 그를 스승으로 삼는다.**

7月 28日

기울 경

비스듬한 모양으로, '기울다'는 뜻이다. 이로부터 파생되어
'넘어지다' '무너지다' '뒤집히다' 등의 뜻으로도 쓰인다.

경주(傾注), 경향(傾向), 경사(傾斜)

천년만년 후엔 종묘는 필시 제삿밥을 얻어먹지 못하게 되고,
높은 누대는 이미 무너졌을 것이며, 굽이치던 연못은 평평해지고,
분묘에는 가시나무가 자라 여우와 살쾡이가 그 안에서 살 것이다.
― 환담(桓譚), 『신론(新論)』 ―

기울어진 운동장에서는
순하기만 해서는 안 된다.

6月 3日

봉우리 봉

산의 정상을 가리키는 형상으로, '봉우리'라는 뜻이다.
또한 산뿐 아니라 수준이나 등급, 발전 정도가 최고인 것을 가리켜
'정상' '1등' 등의 뜻으로도 쓰인다.

선봉(先峰), 최고봉(最高峰), 주봉(主峰)

켜켜이 쌓인 봉우리 하늘에 맞닿아 있고,
말라 버린 소나무 거꾸로 매달려 절벽에 걸쳐 있도다.
- 이백, 「촉 땅으로 가는 길은 험난하고」 -

산이 있으니까 산꼭대기를 쳐다봄은 당연하다.
다만 보인다고 해서 꼭 올라야 하는 것은 아니다.

7月 27日

정미할 정

알곡을 골라냄을 가리키는 형상으로, '택하다'는 뜻이다.
이로부터 파생되어 '정미하다' '정제하다' '정수' '정밀하다'
'정통하다' 등의 뜻으로도 쓰인다.

정진(精進), 정화(精華), 정예(精銳)

계책에 정통하면 군주의 바람을 실현할 수 있고 명령하면
다 행할 수 있다. 형벌에 정통하면 대국의 영토도 빼앗을 수 있고
강국의 군대도 가둘 수 있다.
―『관자』―

새로움을 탐색하는 정신은 어제의 삶에서도
새로움을 보아 낸다.

6月 4日

취할 취

손으로 귀를 잡고 베어 내는 행위를 형상화한 한자이다.
고대에는 전쟁 시 적국 군사의 귀를 베어 와서 전공의 증거로 삼았다.
이로부터 '취하다' '가지다' '빼앗다' 등의 뜻으로 쓰인다.

선취(先取), 취재(取材), 탈취(奪取)

오로지 강물 위의 맑은 바람과 산 속의 밝은 달만이 귀로 들으면
가락이 되고 눈으로 접하면 그림이 되나니, 취해도 금함이 없고
써도 다함이 없으니 이야말로 조물주의 마르지 않는 창고이다.
— 소식(蘇軾), 「적벽에서의 노래」 —

무엇을 얼마큼 취할지를 아는 이는
빈손이어도 충만하다.

7月 26日

갈 매

'오래가다'는 뜻으로, 이로부터 파생되어
'나아가다' '넘어가다' '힘쓰다' 등의 뜻으로도 쓰인다.

매진(邁進), 초매(超邁)

내 마음의 걱정으로 세월은 더욱 빨리 간다.
―『서경』―

**멈출 줄 알고, 쉴 줄 알며, 놀 줄 알아야
오래갈 수 있다.**

6月 5日

얻을 득

길에서 조개껍질을 얻는 형상에서 비롯되어 '얻다'는 뜻으로 쓰인다.
이로부터 '달성하다' '터득하다' '득의하다' 등의 뜻으로
파생되어 쓰인다.

취득(取得), 득세(得勢), 득의(得意)

수레바퀴의 홈을 팔 때 여유롭게 하면 헐렁하게 되어 견고하지 않고,
꽉 끼게 하면 빡빡하게 되어 바퀴살을 낄 수 없게 됩니다.
여유 있지도 않고 꽉 끼지도 않게 하는 기술은 손으로 얻어
마음으로 부응하는 것이니 말로는 설명할 수 없습니다.
-『장자』-

오늘 너를 얻어 가슴 뭉클했다.

7月 25日

힘 력

고대 농기구 중 하나를 본뜬 한자로, 농기구를 사용하는 데 힘이 들기에 '힘'이라는 뜻으로 쓰인다. 이로부터 파생되어 '힘쓰다' '노동하다' '능력' 등의 뜻으로도 쓰인다.

진력(盡力), 역행(力行), 노력(勞力)

덕이 희박하면서도 높은 자리에 거하려 하고, 지혜가 왜소하면서도 큰일을 도모하며, 역량이 작으면서 중요한 임무를 맡으려 하면 재앙에 이르지 않는 경우가 희소하다.
—『역경』—

힘을 적절하게 쓸 줄 아는 것이 참된 힘이다.

6月 6日

익힐 습

햇빛을 쪼이는 형상 내지 새가 날마다 날갯짓하는 형상이다.
이로부터 '익히다'는 뜻이 나왔고, '습관' 등의 뜻으로 파생되었다.

습득(習得), 관습(慣習), 학습(學習)

배우고 때때로 익히면 또한 기쁘지 아니한가?
―『논어』―

**필요하면 그때 가서 익혀도 된다.
다만 그 늦음에 불안해하지 않으면 된다.**

7月 24日

채찍 편

손에 채찍을 들고 사람을 때리는 모습에서 '채찍질하다'는 뜻으로 쓰인다. 이로부터 파생되어 '매질하다' '말을 몰다' '독려하다' 등의 뜻으로 쓰인다.

편달(鞭撻), 교편(敎鞭)

말 몰기의 달인인 왕량으로 왼손에 채찍을 들고 말을 질타하고, 말 몰기의 달인인 조보로 오른손에 채찍을 들고 말을 때리면 말은 10리도 가지 못하게 된다.
―『한비자』―

달리는 말에 대한 채찍질도 갈림길에서는 소용없다.

6月 7日

익힐 련/연

갓 뽑은 비단실을 삶아서 부드럽고 하얗게 만드는 활동을
가리키는 데서 '익히다' '하얗게 하다'는 뜻이 나왔다.
또한 이러한 과정을 거쳐 만든 견직물을 가리킨다. '익히다'에서
파생되어 '익숙하다' '단련하다' 등의 뜻으로도 쓰인다.

연습(練習), 숙련(熟練), 정련(精練)

하얀 비단은 쪽풀로 물들이면 푸르게 되고
단사로 물들이면 붉게 된다.
— 왕충, 『논형』 —

삶은 연습 같은 실전과
실전 같은 연습의 이중주이다.

7月 23日

도울 원

두 사람이 새끼줄을 양손으로 잡고 끌어당기는 모습으로, '당기다'는 뜻이다. 이로부터 '오르다' '돕다' '천거하다' 등의 뜻으로 파생되어 쓰인다.

응원(應援), 성원(聲援), 원조(援助)

윗자리에 있으면서 아랫사람을 능멸하지 않고,
아랫자리에 있으면서 윗사람에게 기어오르지 않는다.
―『중용』―

**한 사람은 하나의 우주다.
한 번의 도움이 그 우주를 지탱한다.**

6月 8日

닦을 수

무언가를 꾸미는 활동을 가리키고, 이로부터 파생되어
'닦다'는 뜻으로 쓰인다. '수선하다' '실천하다' 등의 뜻으로도 쓰인다.

수련(修練), 수행(修行), 수사(修辭)

이름을 닦고 실질을 살펴보며,
실질에 근거하여 이름을 정립한다.
― 『관자』―

자신을 가꿈은 나의 삶에 대한 최소한의 예의.

7月 22日

불 취

입을 벌린 사람의 형상으로, '입김을 내불다'는 뜻이다.
이로부터 파생되어 '불다', 관악기 등을 '연주하다'
'부추기다' 등의 뜻으로 쓰인다.

고취(鼓吹), 취적(吹笛)

무릇 재를 불면서 눈에 티가 들어가지 않게 하고자 하고,
물을 건너면서 물에 젖지 않게 하고자 하나 이는 불가능하다.
― 유안, 『회남자』―

바람 불어와 꽃이 져도 바람은 무죄.

6月 9日

배울 학

두 손에 산가지를 들고 셈을 배우는 형상으로,
'배우다'는 뜻으로 쓰인다. 본래 산수 내지 역술을 배우는 것이었지만
뜻이 확장되어 모든 배움을 가리켰으며,
'따라하다' '깨우치다' 등의 뜻으로 파생되어 쓰인다.

수학(修學), 학문(學問), 대학(大學)

가난한 자가 부자가 과용하는 옷차림과 음식을 따라하면
필시 빨리 망하고 만다.
―『묵자』―

나의 무지를 외면하지 않는 것,
끝까지 파헤치는 것이 배움이다.

7月 21日

북 고

매단 북을 북채로 치는 형상으로, '북을 치다'는 뜻이다.
이로부터 '북' '타악기' '연주하다'의 뜻으로 쓰인다.
또한 고대에는 전쟁에서 북을 쳐 용기를 북돋고 진군을
명했기에 '격려하다'는 뜻으로도 쓰인다.

고무(鼓舞), 고려(鼓勵), 고동(鼓動)

마음을 부리지 못하면 흰 것과 검은 것이 눈앞에 있어도 눈은 그들을
구별해 내지 못하며, 천둥과 북이 옆에서 울려도 귀는 이를 듣지 못한다.
— 『순자』 —

**심장 고동에 귀 기울이는 한밤,
세상살이에 쓸려 잃었던 나를 되찾는 시간.**

6月 10日

힘쓸 면

'힘쓰다' '노력하다'는 뜻이고,
'격려하다' '고무하다'는 뜻으로도 파생되어 쓰인다.

면학(勉學), 면려(勉勵), 권면(勸勉)

타인의 무능을 탓하지 말고
자신의 근면하지 않음을 탓하라.
— 왕안석, 「시국에 대하여 인종 황제께 바치는 상서」 —

격려는 더 뛰게 함이 아니라
마음 편히 쉴 수 있게 하는 위로.

7月 20日

떨칠 진

양손으로 농기구를 지니고서 풀을 베는 형상으로,
'정돈하다'는 뜻으로 쓰인다. '구제하다' '조장하다'
'떨쳐 일어나다' '떨어내다' 등의 뜻으로도 쓰인다.

진작(振作), 진려(振勵), 진흥(振興)

나는 일찍이 음악을 좋아했으니 이는 사람들이 나에게
좋은 거문고를 주었기 때문이다. 나는 패옥을 좋아했으니
이는 사람들이 나에게 옥을 주었기 때문이다.
그러나 이 모두는 나의 허물을 조장하는 것이었다.
— 『한비자』—

**기회는 꾸준히 자기를 진작시켜 온 자에게
주어지기 위해 존재한다.**

6月 11日

부지런할 근

일하는 형상으로, 특히 전심전력으로 일하는 것을 가리킨다.
이로부터 '부지런하다'는 뜻으로 쓰이고, 부지런히 일하다 보면
쉬이 피로해지기 때문에 '피로하다'는 뜻으로도 파생되어 쓰인다.

근면(勤勉), 근검(勤儉), 퇴근(退勤)

일은 근면함에서 정밀해지고 유흥에서 황폐해진다.
행함은 생각함에서 이루어지고 따라함에서 망가진다.
- 한유, 「학문의 정진을 논하다」 -

몸은 부지런하게, 마음은 여유롭게.

7月 19日

격할 격

물이 흐르다 무언가에 부딪혀 솟구치는 형상으로, 이로부터
'부딪혀 흐르다'는 뜻으로 쓰인다. 또한 '물의 흐름을 막다'
'맹렬하다' '부딪히다' 등의 뜻으로도 쓰인다.

격려(激勵), 격발(激發), 충격(衝激)

이제 물을 쳐서 뛰어오르게 하면 물이 이마 높이로 지나게 할 수 있으며,
물을 막아 흐르게 하면 물이 산으로 흐르게 할 수 있다.
―『맹자』―

**격랑의 세계 속에도 자기 선 하나
묵묵히 그어 가는 삶은 결코 작지 않다.**

6月 12日

힘쓸 무

투구 같은 것을 쓰고 적군을 치러 나아가는 형상에서 비롯되어
'나아가다'는 뜻으로 쓰인다. 이로부터 '힘쓰다' '일하다'는
뜻으로 쓰이고, '사업' '일' 등의 뜻으로도 파생되어 쓰인다.

근무(勤務), 무실역행(務實力行), 무본(務本)

명예와 실질은 대립되니, 실질에 힘쓰고자 하는 마음이 한 치 늘어나면
명예에 힘쓰고자 하는 마음이 그만큼 줄어든다.
— 왕양명(王陽明),『전습록(傳習錄)』—

**늘 매사에 힘쓸 수는 없다.
힘쓴다는 것은 취사선택이다.**

7月 18日

살펴볼 독

정오에 태양이 하늘 가운데서 밝게 빛나는 형상으로, 이로부터
'중앙'이라는 뜻이 파생되었다. 후에 '살펴보다'는 뜻이 더해졌고,
여기에서 '감시하다' '바로잡다' 등의 뜻이 부가되어 쓰인다.

독려(督勵), 감독(監督), 독촉(督促)

도를 갖춘 군주는 신하의 말을 들으면, 말의 쓰임새를 살펴보고
말을 행한 실적을 평가한 후 실적 평가에 따라 상벌을 행한다.
―『한비자』―

**하늘은 두루 살펴보지만
일일이 개입하지는 않는다.**

6月 13日

일할 로/노

등불 밑에서 바느질하는 형상에서 비롯된 '일하다'는 뜻이다.
일을 하면 결과가 생기므로 '성과' '공적'이라는 뜻을 지니고,
일을 하면 피로해지므로 '수고롭다' '피로하다' 등의 뜻으로도 쓰인다.

노무(勞務), 노동(勞動), 피로(疲勞)

어떤 이는 마음으로 일하고 어떤 이는 힘으로 일한다.
마음으로 일하는 이는 다른 사람을 다스리고 힘으로 일하는 이는
다른 사람에게 다스려진다.
─『맹자』─

로봇은 일할 줄은 알지만 사람처럼 놀 줄은 모른다.

7月 17日

힘쓸 려/여

힘을 기울이는 모습으로, '힘쓰다'는 뜻이다. 여기에 '북돋우다' '떨쳐 일어서다' '존중하다' 등의 뜻이 더해졌다.

여행(勵行), 면려(勉勵), 권려(勸勵)

군자가 뜻을 쌓아 올바름에 투신하고자 하면 밝은 스승을 따르고,
절개에 힘써 고고하고자 하면 세속을 끊어 낸다.
— 유안, 『회남자』 —

낙엽은 다가올 새봄에 다시 돋아날 새싹의 거름.

6月 14日

실적 공

일한 결과를 가리키는 것으로 '실적' '공적'이라는 뜻이다.
이로부터 '성공하다' '공부하다' 등의 뜻으로도 쓰인다.

공로(功勞), 공과(功過), 성공(成功), 형설지공(螢雪之功)

공적은 셋으로 나눠진 나라를 뒤덮었고, 명성은 팔진도로 이루었도다!
— 두보, 「팔진도(八陣圖)」 —

남이 인정해야 공로인 것은 아니다.
애썼다며 나를 토닥일 만하면
그것만으로도 알찬 공로이다.

7月 16日

감히 감

담대하게 나아가는 형상으로, '과감하다'는 뜻이다.
이로부터 파생되어 '감히' '무릅쓰다' '함부로' 등의 뜻으로 쓰인다.

용감(勇敢), 감행(敢行), 과감(果敢)

신이 듣기로, 알지 못하면서 말하면 지혜롭지 못하게 되고,
알면서도 말하지 않으면 불충이 됩니다.
신은 감히 지난 일에 대하여 말씀 드리고자 합니다.
— 『전국책(戰國策)』 —

**과감함은 양날의 칼이다. 불리함을 무릅써야 할 때는
약이 되고 함부로 나댈 때는 독이 된다.**

6月 15日

신 리/이

'밟다' '신'이라는 뜻으로, 이로부터 파생되어 '가다'
'행하다' '경험하다' 등의 뜻으로도 쓰인다.

이행(履行), 이력서(履歷書), 여리박빙(如履薄氷)

하늘을 받들고 땅위에 우뚝 서서 표준과 법칙을 품고 있으면 안으로는
자기 자신을 다스릴 수 있고 밖으로는 사람들을 얻을 수 있게 된다.
— 유안, 『회남자』 —

**얼마나 많이 경험했는가보다
얼마큼 깊이 경험했는가가 핵심이다.**

7月 15日

용맹할 용

기력이 빼어나거나 창을 들고 힘차게 뛰어오르는 형상으로,
이로부터 '용맹하다'는 뜻으로 쓰인다.
또한 '용기 있다' '과감하다' 등의 뜻으로도 쓰인다.

용맹(勇猛), 용기(勇氣), 만용(蠻勇)

절개를 지니고서 두려워하지 않음을 일러 용맹이라고 하며
용맹에 반대되는 것이 비겁이다.
— 가의(賈誼), 『신서(新書)』 —

그만할 때를 아는 것은 지혜로움이고,
그만해야 할 때 그만두는 것은 용기이다.

6月 16日

할 위

손으로 큰 코끼리를 끄는 형상에서 비롯되어 '하다'는 뜻으로 쓰인다.
또한 '되다' '이다' '만들다' '다스리다' '위하여' '때문에' 등
다양한 뜻으로도 파생되어 쓰인다.

행위(行爲), 인위(人爲), 위정자(爲政者)

만일 이익이 지금보다 두 배일지라도 후세에
불편을 끼치면 하지 않으며, 편안함이 오래 지속될지라도
자기 자손만이 누리는 것이라면 행하지 않는다.
― 여불위, 『여씨춘추』 ―

**할 수 있음은 하지 못하는 것과 하지 않는 것을
구분할 줄 아는 것이다.**

7月 14日

사나울 맹

몸집이 큰 개의 형상에서 '사납다'는 뜻으로 쓰인다.
이로부터 '맹렬하다' '용맹하다' '엄격하다' 등의 뜻으로도
파생되어 쓰인다.

맹렬(猛烈), 맹위(猛威), 맹진(猛進)

관대함으로 엄격함을 제어하고, 엄격함으로 관대함을 제어하면
정치는 이로써 조화롭게 된다.
− 좌구명,『춘추좌전』−

맹수는 먹이를 덮치려 할 때면
오히려 털을 누이고 온순한 자세를 취한다.

6月 17日

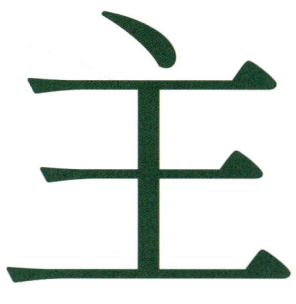

주인 주

제사를 지낼 때 모시는 '신주(神主)'의 위패를 본뜬 형상에서
비롯되어 '주인'이라는 뜻으로 쓰인다.
이로부터 '군주' '주재하다' 등의 뜻으로 파생되어 쓰인다.

위주(爲主), 주군(主君), 주재(主宰)

천지간 모든 사물에는 각기 주인이 있어 진실로 내가
소유할 수 있는 것이 아니니 터럭 한 올일지라도 취해서는 안 된다.
- 소식, 「적벽에서의 노래」 -

나는 내 스마트폰의 주인일까, 아니면 노예일까?

7月 13日

세찰 렬/열

불의 기세가 성한 모습에서 '세차다'는 뜻으로 쓰이고,
이로부터 파생되어 '강렬하다' '휘황하다' 등의 뜻으로 쓰인다.
또한 '공적' '성품이 올곧고 강인하다' 등의 뜻도 지닌다.

열렬(熱烈), 공렬(功烈), 열사(烈士)

열사가 절개를 지키기 위해 죽음이 세상에 환히 드러나면
안락에 푹 빠지는 잘못이 사라진다.
— 사마천, 『사기』 —

세차게 타오를수록 더욱 강렬할 수는 있어도
오래 밝힐 수는 없다.

6月 18日

이끌 도

'이끌다'는 뜻으로, '유인하다'
'물길을 터 주다' 등의 뜻으로도 쓰인다.

주도(主導), 지도자(指導者), 도화선(導火線)

관리에게는 세 가지 죄가 있다. 첫째는 윗사람을 잘못 인도함이고, 둘째는
아부에 빠져 있음이며, 셋째는 윗사람의 잘못을 보고도
모른 체하면서 윗사람의 총애만 구하는 것이다.
— 순열(荀悅), 『신감(申鑑)』 —

누군가를 이끈다고 함은 나를 이끄는 것.

7月 12日

불사를 작

'굽다' '불사르다'는 뜻이며, '데다' '밝다' '번성하다' 등의
뜻으로도 파생되어 쓰인다.

작열(灼熱)

온 천지를 밝힘은 오로지 부지런히 덕을 행하지 않음이 없었기 때문이다.
―『서경』―

**태양만이 작열하는 사막, 그곳에서는 오아시스를 찾다
스러져 간 이들의 뼈가 이정표다.**

6月 19日

이를 수

'나아가다'는 뜻으로, 나아가면 목표에 도달할 수 있으므로 '이르다'는 뜻으로 쓰인다. 또한 '해내다' '성공하다' 등의 뜻으로도 쓰인다.

수행(遂行), 완수(完遂), 미수(未遂)

공적을 성취하여 명성을 이뤄내면 그 명성은
헛된 것이 될 수 없으므로 오롯이 자신에게로 돌아온다.
-『묵자』-

**끝이 보일 때의 희열은
그간의 노력을 빛내 주는 보상이다.**

7月 11日

정성 성

'미덥다'는 뜻으로, 이로부터 파생되어
'참되다' '정성' '성실하다' 등의 뜻으로도 쓰인다.

열성(熱誠), 성실(誠實), 성심(誠心)

지금의 가르치는 자들은 뜻도 모른 채 글귀 암송만 거듭하고,
질책을 많이 하며 장황하게 말한다. 학생들을 나아가게 함에 그들이
편안함을 고려하지 않고, 그들이 자신의 정성으로부터 말미암도록
하지 못하며, 가르치되 그들의 재주가 다 발휘되지 못하게 한다.
—『예기』—

**정성은 배반하지 않는다.
다만 세상이 배반할 따름이다.**

6月 20日

쇠 불릴 단

손에 망치 같은 도구를 들고 돌 위의 달궈진 쇠를 때리는
형상으로, '쇠를 불리다'는 뜻으로 쓰인다. 쇠를 불려 금속의
순도를 높이고 단단하게 만든다는 데서 비롯되어
신체나 마음 등을 '단련하다'라는 뜻으로도 쓰인다.

단련(鍛鍊), 단철(鍛鐵)

쇠와 돌은 단단하게 타고 태어났음에도 단련하면 본래의 바탕을 변화시킬
수 있다. 하물며 인간은 인의예지신이란 본성을 타고났으니 더 말해 무엇
하겠는가? 성현이 아직 충분히 단련하지 않았을 따름이지
어찌 본성이 선하지 않을까 걱정하겠는가?
— 왕충, 『논형』 —

하루하루 살아 내는 삶 속에서 시나브로 단련된다.

7月 10日

사랑 애

'사랑하다'는 뜻이다. 이로부터 '아끼다' '관심을 갖다'
'은혜롭다' 등의 뜻으로도 파생되어 쓰인다.

열애(熱愛), 애정(愛情), 애호(愛好)

진실로 공이 있으면 관계가 멀고 지위가 낮은 이라 할지라도
반드시 상을 주며, 참으로 죄가 있다면
설령 가깝고 사랑하는 이라도 반드시 처벌해야 한다.
―『한비자』―

사랑은 순간의 뜨거움이 아니라 지속되는 쏠림이다.
사랑은 길이가 아니라 깊이이기 때문이다.

6月 21日

쇠 불릴 련/연

열을 가해 금속을 정련하는 것을 가리키는 형상으로,
곧 '쇠를 불리다'는 뜻이다. 이로부터 파생되어 '수련하다'
'도야하다'는 뜻으로도 쓰인다.

연단(鍊鍛), 정련(精鍊), 연단(鍊丹)

이 단약 두 가지를 복용하고 신체를 수련하면
늙지 않고 죽지 않게 할 수 있다.
— 갈홍(葛洪), 『포박자(抱朴子)』 —

**속세에서 살아 내는 것과 속세를 떠나 수련하는 것 중
어느 것이 더 대단한 삶일까?**

7月 9日

뜻 정

'감정'이라는 뜻이다. 감정은 사람의 내면에서 인다. 이로부터 마음에
품은 '뜻' '생각' '욕구' '진정' 등의 뜻으로도 쓰인다. 또한 일이나
사물의 있는 그대로의 상태를 뜻하는 '실정'의 뜻으로도 쓰인다.

정열(情熱), 정욕(情欲), 정황(情況)

지금 크게는 의롭지 못하게 다른 나라를 공격하고는 잘못인 줄을 모르며
나아가 이를 칭송하며 의롭다고 한다. 진정으로 그것이 의롭지 않음을
알지 못하기에 책에 기록하여 후세에 남겨 주기까지 한다.
― 『묵자』 ―

**삶에 스며들어 이성을 흔드는 부정적 감정을 들춰내자.
그리고 하나하나 지워 가자.**

6月 22日

갈 마

곡식 알갱이를 갈아서 껍질을 벗기는 도구를 가리키는 형상으로,
이로부터 '갈다'는 뜻으로 쓰인다. 또한 '숫돌' '마찰하다' '수련하다'는
뜻으로도 파생되어 쓰인다.

연마(鍊磨), 마애불(磨崖佛)

배움으로써 연구하고 사유함으로써 정련하며
벗으로서 연마한다.
— 양웅, 『법언』 —

벗은 나를 연마하는 숫돌이다.

7月 8日

바람 풍

공기가 흐르는 형상으로, '바람'이라는 뜻이다. 고대인들은 바람이 불면 벌레가 생긴다고 여긴 까닭에 한자에 虫(벌레 충)이 들어 있다. '풍속' '교화' '풍자' '기풍' 등의 뜻으로도 쓰인다.

열풍(熱風), 풍조(風潮), 풍도(風度)

현자인 백이의 기풍을 들은 이들 가운데 탐욕스런 자는 청렴해졌고 나약한 자는 뜻을 세우게 되었다.
— 『맹자』 —

**풀은 바람이 불면 부는 방향으로 쓰러진다.
그것이 풀이 살아가는 방식이다.**

6月 23日

쫄 탁

옥을 가공하는 행위를 가리키는 형상으로, '쪼다'는 뜻으로 쓰인다.
이로부터 '다듬다' '새기다' '조각하다' 등의 뜻으로도 쓰인다.

절차탁마(切磋琢磨), 조탁(彫琢)

죽백에 기록된 바, 금석에 새겨진 바, 그릇에 새겨진 바가
후대에 전해짐으로써 자손들은 지혜롭게 된다.
―『묵자』―

코를 조각할 때는 크게 시작하여 점차 줄여 간다.
눈을 조각할 때는 작게 시작하여 점차 넓혀 간다.

7月 7日

독할 혹

'독한 술'을 가리키고, 이로부터 '독하다'는 뜻으로 쓰인다.
또한 '혹독하다' 등의 뜻으로 파생되어 쓰인다.

혹서(酷暑), 가혹(苛酷), 혹리(酷吏)

이제 군주께서 경작과 개간을 재촉하여 백성의 수입을 두텁게 해 주면
오히려 군주가 가혹하다고 여긴다.
— 『한비자』 —

**의롭기에 내쳐지면 견뎌 내야 할 혹독함은 배가 된다.
다만 그 시간도 결국은 흘러간다.**

6月 24日

달릴 주

**양팔을 흔들며 달리는 형상으로, '달리다'는 뜻이다.
이로부터 파생되어 '나아가다' '도주하다' 등의 뜻으로도 쓰인다.**

주행(走行), 질주(疾走), 도주(逃走), 주마간산(走馬看山)

어부가 못으로 나아가고 나무꾼이 산으로 나아감은
그곳에 그들이 필요로 하는 것이 있기 때문이다.
— 유안, 『회남자』 —

오늘 하루 내가 전쟁터에서 백 보 도망친 자를 비웃는 오십 보 도망친 자가 아니었는지를 되짚어 본다.

7月 6日

더울 서

**불타는 듯한 열기를 가리키고, 이로부터 '덥다'는 뜻으로 쓰인다. 또한
'더위' '여름'이라는 뜻으로도 쓰인다.**

염서(炎暑), 서기(暑氣), 한서(寒暑)

바야흐로 지금은 무더운 여름이어서 길을 다닐 수 없다.
그러니 가을, 겨울이 되기를 기다려서 다시 진군해야 한다.
— 진수(陳壽), 『삼국지(三國志)』 —

**추위가 흘러가면 더위가 오고, 더위가 흘러가면
추위가 온다. 삶도 이렇게 흘러가면서 돌고 돈다.**

6月 25日

홀로 독

개가 혼자 있는 형상으로, '홀로'라는 뜻이다. 이로부터 파생되어
'독자적' '독보적' '고독' 등의 뜻으로도 쓰인다.

독주(獨走), 독립(獨立), 독특(獨特)

땅으로부터 사명을 받아 오직 소나무와 측백나무만이 홀로 올곧아
겨울이든 여름이든 항상 푸르고 푸르다.
-『장자』-

어차피 인생은 혼자이지만, 사람인 한 홀로 살 수는 없다.

7月 5日

땀 한

사람이나 동물의 몸에서 배출되는 액체를 가리켜서
'땀'이라는 뜻으로 쓰인다. 이로부터 파생되어 '땀나다'
'적시다'는 뜻으로도 쓰인다.

한증(汗蒸), 발한(發汗), 한혈마(汗血馬)

마음이 무언가를 슬퍼하면 눈물이 나오고
마음이 무언가를 부끄러워하면 땀을 흘린다.
―『관윤자(關尹子)』―

**흘린 땀은 값지다. 성공을 보장해서가 아니라
실패 가능성을 낮출 수 있기에!**

6月 26日

터질 결

물꼬를 터서 물을 흐르게 하는 형상으로, '물길을 트다'는 뜻이다.
이로부터 '터지다'는 뜻이 비롯되었고,
'결단하다' '자르다' '반드시' 등의 뜻으로 파생되어 쓰인다.

결행(決行), 판결(判決), 결연(決然)

사람의 본성은 소용돌이치는 물이 동쪽으로 물꼬를 트면
동쪽으로 흐르고, 서쪽으로 물꼬를 트면 서쪽으로 흐르는 것과 같다.
―『맹자』―

결심하지 않으면서도 삶을 괜찮게 살아 낼 수 있다.

7月 4日

찔 증

껍질을 벗긴 마의 고갱이를 가리킨다. 옛날에는 마의 줄기를 엮어
횃불로 썼고, 이로부터 '가열하다' '증발시키다' '찌다' 등의
뜻으로 쓰인다. 또한 '많다'는 뜻도 지닌다.

증염(蒸炎), 증서(蒸暑), 증기(蒸氣)

『시경』에는 이러한 구절이 있다. "하늘이 뭇 백성을 낳았고,
만사만물을 낳음에 각기 그것만의 법칙을 지니게 하였다."
—『맹자』—

푹푹 찌는 더위가 있어
살짝 이는 미풍에도 감사하게 된다.

6月 27日

끊을 단

'자르다' '끊다'는 뜻으로, 이로부터 파생되어
'판단하다' '과감하다' 등의 뜻으로 쓰인다.

결단(決斷), 단행(斷行), 판단(判斷), 과단(果斷)

과단성 있게 감행하면 귀신도 이를 회피한다.
— 사마천, 『사기』—

결단은 오롯이 자신과 벌이는 담판이다.

7月 3日

불꽃 염

활활 타오르는 불꽃의 형상으로, '불꽃'이라는 뜻이다.
이로부터 '불타다' '태우다' '열' 등의 뜻으로 쓰이고, 기세 등이
'성대하다' '번성하다' 등의 뜻으로도 파생되어 쓰인다.

염화(炎火), 염하(炎夏), 광염(狂炎)

월나라 왕이 신뢰를 중시하고 백성을 사랑하니 백성이 사방에서
그에게 귀의하였고, 해마다 곡식이 제때에 익었으며 날로 번성해져 갔다.
— 좌구명, 『국어』 —

**자신이 밝힐 수 있는 만큼만 밝히는 반딧불처럼
나의 불꽃을 돋우는 삶.**

6月 28日

가로 횡

문을 닫은 다음 열리지 않도록 가로로 덧대는 나무를 가리키는 한자로, 이로부터 '가로'라는 뜻으로 쓰인다. 또한 '수평' '가로지르다' '멋대로 하다' '충만하다'는 뜻으로도 파생되어 쓰인다.

횡단(橫斷), 횡행(橫行), 횡일(橫溢), 횡설수설(橫說竪說)

몸가짐이 공경스럽고 마음이 진실하고 미더우며, 예의를 따르고 진정으로 타인을 사랑한다면 천하를 두루 다니다가 설령 오랑캐의 땅에서 곤란에 처할지라도 그곳 사람들은 귀하게 대할 것이다.
— 『순자』 —

**하늘을 자유롭게 가로지르는 새, 문득 보았다,
새의 피곤한 날갯짓을.**

7月 2日

불 화

불꽃의 형상으로, '불'이라는 뜻이다. 이로부터 '불사르다' '가열하다' '불빛' 등의 뜻으로 쓰이고, '화' '분노'라는 뜻으로도 파생되어 쓰인다.

열화(熱火), 화력(火力), 화기(火氣)

이익을 탐하는 욕망이 불타오름은 곧 불구덩이이고, 탐욕을 밝힘에
매몰됨은 곧 고통의 바다이다.
— 왕응린(王應麟), 『곤학기문(困學紀聞)』 —

**화를 자신에게 이롭게 내지 못하면
그저 분풀이에 불과하게 된다.**

6月 29日

뛸 도

'차오르다' '뛰어오르다'는 뜻으로, 이로부터 파생되어
'넘어가다' '달아나다' 등의 뜻으로도 쓰인다.

도약(跳躍)

아이들은 놀기를 좋아하여…… 선생님이 나가시자
또래들과 장난치며 펄쩍 뛰어 나가 냅다 달려갔다.
— 당견(唐甄), 『잠서(潛書)』 —

품고 있는 깊이만큼 높이 뛸 수 있다.

7月 1日

더울 열

온도가 높은 상태를 가리키는 형상으로, '덥다'는 뜻으로 쓰인다.
또한 '가열하다' '불태우다' '여름' 등의 뜻으로 쓰이고,
초조해하면 속에서 열이 난다고 느끼는 데서 파생되어
'초조해하다'는 뜻으로도 쓰인다.

열기(熱氣), 열중(熱中), 열혈(熱血)

몸이 죽으면 명성 또한 소멸되는데 이를 염려하느라 마음이 달아오른다.
— 도연명,「육체, 그림자, 정신: 그림자가 육체에게 답한다」—

깊은 물로 침잠할 때는 불같이 활활 타오르게,
성난 불길로 타오를 때는 물같이 차분하게.

6月 30日

뛸 약

'빠르다'는 뜻으로, 여기에 '뛰다' '들다'는 뜻이 더해졌다.

약진(躍進), 약동(躍動), 활약(活躍)

지혜가 부족한 자는 아름다운 것을 보면 마음이 뛰고,
기이한 것을 좋아하는 자는 괴상한 것을 들으면 설레발치며 귀 기울인다.
— 유협, 『문심조룡』 —

땅을 딛고 뛰어오른 자,
높이 솟구치지 못했다 해도 다시 뛸 수 있다.